キムタツの大学入試
英語リスニング
合格の法則
【基礎編】

監修・執筆
木村達哉

アルク

英語の超人になる！
アルク学参シリーズ

「英語の超人になる！」
アルク学参シリーズ刊行に寄せて

大学合格のために必死で英語を勉強する、これは素晴らしい経験です。しかし、単に大学に合格さえすればいいのでしょうか？　現在の日本に必要なのは、世界中の人々とコミュニケーションを取り、国際規模で活躍できる人材です。総理大臣になってアメリカ大統領と英語で会談したり、ノーベル賞を受賞して英語で受賞スピーチを行ったり、そんなグローバルな「地球人」こそ求められているのです。アルクは、大学受験英語を超えた、地球規模で活躍できる人材育成のために、英語の学習参考書シリーズを刊行いたします。

入試頻出の
対話文問題を完全攻略!

さまざまな場面や話題の対話文問題に挑戦。14日後にはリスニング力の伸びを体感!

「無味乾燥な演習問題だけの対策本は作りたくないんです」という言葉から全ては始まりました。アルク側のこの言葉を耳にしてから打ち合わせを重ね、僕たちの思いはいろいろな形に変わり、最後にたどり着いた姿がこの本なのです。本書は大学入試に頻出の対話文問題の対策本です。ただし、「対策法を読み、問題を解き、解説を読んで終わり」という本ではありません。それでは入試に必要なリスニング力はつきません。本書の学習方法にのっとり、最後までやり終えた皆さんなら、リスニング力の伸びを体感できると確信しています。

「3S メソッド」でリスニング力を伸ばす。さらに、「音読」でスピーキング力をつける。

僕たちの最終目標は、単なる試験対策ではありません。僕たちが目指しているのは、この本を手に取ってくださった全ての皆さんが英語を使いこなせるようになることなのです。英語を使いこなすためにはリスニングだけではダメで、スピーキングもできないといけない。そのために必要なのが音読です。もちろん、この本のリスニング対策は完璧です。3 つの「S」(Structure = 構 造、Sense = 意 味、Sound =発音)に特に重点を置いた「3S メソッド」を採用していますので、短期間で効率的にリスニング力を伸ばすことが可能です。

「熱いハート」があればいつの日かきっと、自由に英語を操れる時がくる!

私はここで、何度も「僕たち」と書きました。この本は僕だけが頑張ったのではありません。全国の高校生の皆さんに英語力を伸ばしてもらいたいという「熱いハート」を持ったスタッフみんなで一生懸命に作った本なのです。「無味乾燥な演習問題だけの対策本は作りたくない」という僕たちの気持ちを感じ取ってもらえれば幸いです。そして、読者の皆さんも、英語をもっと自由に聞いたり話したりできるようになりたいという「熱いハート」を持って努力してください。最後まで僕たちについてきてください。一緒に頑張りましょう!

木村達哉

Contents

「14の学習ポイント」をマスターして
大学入試英語リスニングの対話文問題を完全攻略!

Chapter 3

Q&A
選択問題
対策

Chapter 4

図表完成問題
対策

コラム Kimutatsu's Cafe にご登場いただいた
皆さんの肩書は 2020 年 9 月当時のものです。

英語リスニング　攻略ポイント

01　聞いてばかりでは駄目！ 声を出そう！

リスニング力の弱い人は目で英語の勉強をしている時間が長いのではないでしょうか。聞き取れなかった箇所には聞き取れなかった理由があります。特に速くて聞き取れなかったとか音が変化して聞き取れなかったとかいう場合には、何度も音声をまねて音読をしましょう。

02　設問や選択肢には事前に目を通そう！

日本語でもいきなり話されたことを全部正確に聞き取るのは難しい。放送が始まる前に必ず選択肢を確認し、トピックを予測しておくと聞き取るのが比較的楽になります。設問と選択肢の両方が印刷されていて、全てに目を通す時間がない場合、せめて設問だけでも読んでおくことです。

03　聞き取れない部分があっても焦らない！

試験ではあえて難しい単語を含むスクリプトになっている場合がよくあります。難しい単語や知らない地名などが聞き取れないのは当たり前。むしろ、聞き取れた箇所から推測して答える能力が求められているのです。

04　数字はたいてい計算が必要！

大学入試レベルで数字が問われている場合、ほとんど100％に近いぐらい簡単な計算が必要となります。選択肢に数字が含まれている場合、放送に数字が出てくるたびに、どれとどれをどのように計算するのかを聞き取る必要があります。出てきた数字を覚えておけない人はメモしましょう。

05　会話問題では状況をつかもう！

細かい英語の部分を聞こうとし過ぎて、その会話が行われている状況をざっくりとつかむことを忘れている人が多いように思います。誰がしゃべっているのか、どこにいるのか、どういう目的なのか等を聞き取るようにしたいものです。

リスニングテストを受ける際には、気を付けたいポイントが幾つかあります。その中でも特に重要な 10 のポイントを挙げました。テストの際だけでなく、実際の会話やモノローグ（ニュースやアナウンス、講義など 1 人で話しているもの）の聞き取りの際に役立つものもありますから、折に触れて目を通してください。

06 モノローグ問題は出だしが勝負！

講義やアナウンスがスクリプトとして使われるのがモノローグ問題。最初の 1 文か 2 文でトピックが紹介される場合がよくあります。会話問題の場合は会話が進む間に展開が分かる場合もありますが、モノローグ問題は出だしが勝負なのです。

07 選択肢の言い換えには要注意！

スクリプトの中で用いられた単語が、選択肢ではほぼ同じ意味の別表現（特にイディオム）に言い換えられている場合がよくあります。逆に聞こえてきた単語がそのまま使われている選択肢はダミー（引っ掛け）であることが多いので気を付けましょう。

08 読む力を身に付けよう！

リスニングの力を身に付けるために、正しく読む力を高めることが不可欠です。読みもできないものが聞き取れるわけがありません。特に最初に読む際には、返り読みしないように気を付けること。リスニングは返り聞きができません。リスニングと同じ条件で読む習慣を身に付けましょう。

09 どんな勉強でも音声を必ず聞こう！

リスニングの勉強はリスニングの問題集だけを使って行うわけではないのです。単語集を覚えるとき、リーディングをするとき、英文法の勉強をするとき、音声が付いている問題集を使えば、単語を覚えながら、読む勉強をしながら、英文法や英作文の勉強をしながら、英語の耳を作ることができるのです。

10 最も大切なこと！

本書の学習ステップにしたがって、音読やディクテーションを行ったり、単語やフレーズを覚えたりすることでリスニング力は身に付いていきます。が、トレーニングをやめるとまた聞き取れなくなっていきます。一度終わった教材でもいいのです。また、毎日数分でもいいのです。継続することが最も大切なのです。

本書で扱う対話文問題

本書は、入試に頻出の対話文問題の対策を効率よく進められるように、問題形式、対話の往復数、語数に基づいて、章が4つに分かれています。それぞれの問題パターンの攻略法は、各 Chapter の冒頭に書かれています。なお、実際の試験では、対話文が2回流れる場合もあります。

Chapter 1

イラスト・数値選択問題

・問題形式：短い対話を聞き、対話文に関する設問の答えとして最も適当なものを選択肢（イラストまたは数値）から1つ選ぶ。
・対話の往復数：AB（1往復）、または ABA（1往復半）
・対話の平均語数：25 語程度

Chapter 2

応答文選択問題

・問題形式：短い対話を聞き、対話文に続く応答文として最も適当なものを選択肢から1つ選ぶ。
・対話の往復数：ABA（1往復半）、または ABAB（2往復）
・対話の平均語数：25 語程度

Chapter 3

Q&A選択問題

・問題形式：短い対話を聞き、対話文に関する設問に合った答えを選択肢から1つ選ぶ。
・対話の往復数：ABAB（2往復）、または ABABA（2往復半）
・対話の平均語数：50 語程度

Chapter 4

図表完成問題

- ・問題形式：長い対話を聞き、その内容を基に予定表などの図表を完成させ たり、出来事の順にイラストを並べたりする。
- ・対話の往復数：5 往復程度
- ・対話の平均語数：100 語程度

Check It Out!

本書の続編『キムタツの大学入試英語リスニング 合格の法則【実践編】』では、 入試に頻出のモノローグ問題の対策を行います。

続編『キムタツの大学入試英語リスニング 合格の法則【実践編】』で 扱うモノローグ問題

Chapter 1 Q&A選択問題

- ・問題形式：モノローグを聞き、モノロ ーグに関する設問に合った答えを選択 肢から1つ選ぶ。
- ・平均語数：70 語程度
- ・内容：アナウンス文

Chapter 2 Q&A選択問題

- ・問題形式：モノローグを聞き、モノロ ーグに関する設問に合った答えを選択 肢から1つ選ぶ。
- ・平均語数：200 語程度
- ・内容：説明文や講義文

本書の特長

本書では、14日間という短期間にリスニング力を
飛躍的・効率的に向上させる「3Sメソッド」を採用しています。
ここでは、3つの「**S**」、Structure（構造）、Sense（意味）、
Sound（発音）の理解と、ディクテーションと音読を組み合わせた、
画期的な学習法についてご紹介いたします。

短期間で
効率的に
「英語の耳」を作る
「3Sメソッド」
とは？

第1の「S」!
Structure
（構造）
つまり、文法力

リーディングと同様にリスニングで
も、英文を理解するためには文構造
（**Structure**）の正確な理解が欠かせ
ません。また、リーディングと違って、
リスニングでは英文を後ろから訳し
ていく「戻り訳」をしている時間はあ
りません。本書では、**Structure** の
解説を通して、「英語を英語の語順通
りに理解する」ための手助けをしま
す。文法面を強化することにより、
流れのままに英文を理解する力を身
に付けていきます。

第2の「S」!
Sense
（意味）
つまり、表現力

中学・高校と英語を学んできた皆
さんは、ある程度の英語の聞き取
りはできるはずです。ただし、全
ての単語を聞き取れたとしても、
意味（**Sense**）が分かっていなけれ
ば、本当に「聞き取れた」とは言
えません。また、英語には、イデ
ィオムや決まり文句など、「単語の
意味は分かっても意味が理解でき
ない」表現が数多くあります。本
書では、**Sense** の解説を通して、「対
話の場面・状況に応じた慣用表現」
をマスターしていきます。

第3の「S」!
Sound
（発音）
つまり、聴解力

「ある程度の英語の聞き取り」から「細部の聞き取り」へと聴解力をアップさせるためには、音の連結や脱落といった「英語特有の発音（Sound）」を理解しなければなりません。また、アクセントやイントネーションに慣れる必要もあります。本書では、「発音の仕方」を丁寧に解説していますので、最初は聞き取れなかった英文でも、細部に至るまで、自然と耳に入っていくようになります。

+α
パッシブからアクティブへ！「ディクテーション」と「音読」で積極的に「聞き取り」、そして「話す」！

「3S」の解説を理解した皆さんは、「完璧な聞き取り」のまさに一歩手前にいます。完璧へと歩を進めるには、より積極的な「聞き取り」に取り組まなければなりません。本書では、ディクテーション（書き取り）のタスクを数多く取りそろえていますので、英文の細部と全体をバランスよく聞き取る力が身に付きます。また、練習問題の仕上げとして「音読」を採用。「聞き取る力」をさらに定着させるだけでなく、「話す力」もマスターできますので、試験対策を超えた「総合的な英語力」を身に付けることができます。

本書の pp. 143 〜 153 の「Appendix」のコーナーでは、『「3S メソッド』はこうして生まれた！」と題して、「3S メソッド」の誕生秘話をキムタツ先生が熱く語っています。ぜひ、ご一読ください！

▶ p. 143

本書と音声の利用法

1日の学習量は8ページで、各日とも「レッツ トライ！→ドリル→
エクササイズ」の順で学習していきます。ここでは、Day 1 を例に、
1日の学習の流れをご紹介しましょう。

「3S」＋
「音読」＋
「ディクテーション」で
英語の総合力を
つける！

学習ポイント
その日の学習のポイントがまとめら
れています。

音声トラック番号
🎧 001：「音声トラック 001 を再生
してください」という意味です。

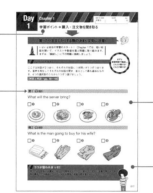

レッツ トライ!

❶ 練習問題
その日の学習ポイントに沿った練習
問題に挑戦します。該当の音声トラッ
クを聞いて、「腕試し」のつもり
で気軽にトライしてみましょう。

❷ ココが狙われまっせ！
練習問題の正解を導く際のヒントが
まとめられています。1回で正解が
分からない場合は、ここのヒントを
参考にしながら、繰り返し音声を聞
きましょう。

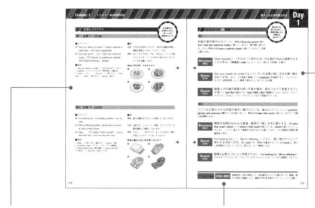

❹ 3S 解説
練習問題をより深く理
解してもらうための解
説です。「構造」「意味」
「発音」ごとに、特に
注意すべきポイントが
解説されています。

❸ 正解とスクリプト
正解を確認したら、スクリプトと訳をチェッ
クしましょう。分からない語句があったら、
語注を参照してください。スクリプトには、
英文をチャンク（意味の固まり）として理解
するために、適宜スラッシュ（／）が引かれ
ています。英語を語順通りに理解するために、
スラッシュ単位で意味を考えていくようにし
ましょう。

❺ 音読
練習問題の学習の仕上げとして音読に取り
組みます。該当の音声トラックを再生して、
各セリフの後のポーズ（無音）部分で声を出
して読んでみましょう。最低でも1回、余裕
がある場合は繰り返し音読して、英文の意味
と音をしっかりと体にしみ込ませましょう。

ドリル

❶ディクテーション

該当の音声トラックを再生して、英文を聞きながら、空所の部分に入る語や数字を書き取ります。ここでは、「全体」を理解する前に、「細部」を正確に聞き取ることを目指します。スペルが分からない場合は、カタカナで書いても構いません。

❷問題

ディクテーションが終わったら、対話の内容が理解できているかどうか問題を解いてみましょう。ここの問題は、各 Chapter ごとにいろいろなバリエーションが用意されています。

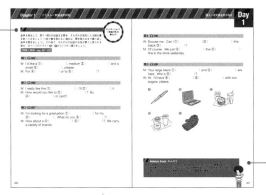

❸正解と解説

ディクテーションと問題の正解を確認したら、スクリプト(前ページの英文)と訳、解説をチェックしましょう。分からない語句があったら、語注を参照してください。

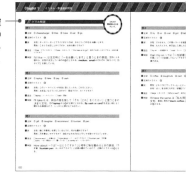

エクササイズ

❶実践問題

その日の学習成果を確認するため、実践形式の問題に取り組みます。本番と同様の緊張感を持って、該当の音声トラックを1度だけ聞いて答えるようにしましょう。対話文は、Chapter 1～Chapter 3 では2回、Chapter 4 では1回流れます。

❷正解と解説

エクササイズの正解と解説は、本書にとじ込みの『別冊解答集』に収められています。該当ページで正解を確認しましょう。

❸これだけは忘れんといて！

その日の学習で特に覚えておいてほしいポイントがまとめられています。

音声について

本書の音声は無料でダウンロードしていただけます。

●パソコンの場合

❶アルクのダウンロードセンター
（https://www.alc.co.jp/dl/）にアクセス

❷「ダウンロードのお申し込みはこちら」をクリックし、書籍名または商品コード（7020055）を検索

●スマートフォンの場合

❶App Store（iPhone）、Google Play（Android）からアプリ「語学のオトモ ALCO」をダウンロード
詳しくは https://www.alc.co.jp/alco/

❷ALCO から「ダウンロードセンター」にアクセスし、書籍名または商品コード（7020055）を検索

Chapter

1

イラスト・数値選択問題対策

それでは、さっそく Chapter 1 の学習に入りましょう。Chapter 1 では、Day 1 ～ Day 4 の 4 日間にわたって、イラスト・数値選択問題への対応力をつけていきます。この Chapter で扱う問題は対話の往復数も平均語数も少ないので、「とりこぼし」のないように。ポイントをしっかりと押さえれば、きっと正解できるはず！

・対話の往復数＝ AB（1 往復）
　または ABA（1 往復半）
・対話の平均語数＝ 25 語程度

**詳しくは、次のページの
「イラスト・数値選択問題の傾向と攻略法」
をチェック！**

イラスト・数値選択問題の傾向と攻略法

まずは、このタイプの問題の出題形式と傾向、そして攻略法を確認しておきましょう。

■ 出題形式

● 問題形式：短い対話を聞き、対話文に関する設問の答えとして最も適当なものを選択肢（イラストまたは数値）から1つ選ぶ。

■ 出題傾向

● 対話の往復はAB（1往復）またはABA（1往復半）、平均語数は25語程度。

● 対話の内容は、店での買い物、レストランでの注文、道順の説明など、「物」「数」「場所」に焦点を当てたものが多い。

■ 攻略法

● あらかじめイラストまたは数値にざっと目を通しておき、対話の内容を予想する。「物」のイラストなら「買い物」、「地図」なら「道順」、「料理」なら「注文」、「数や値段」なら「買い物」や「注文」だとヤマをかけることができる。

● 基本的な物の名前、道順の説明の仕方、13（thirteen）と30（thirty）といった聞き取りにくい発音を正確に聞き取れるようにしておくこと。

● 複数の「物」や「数」が登場する対話では、間違える可能性が高くなる。情報を整理しながら聞き進められるようにしておこう。

学習ポイント → 購入・注文物を聞き取る

買ったり注文したりする際の決まり文句に注意!

 いよいよ初日の学習のスタート! Chapter 1では、短い対話を聞いて、イラストや数値を選ぶ問題に取り組みます。まずは、「腕試し」に下の問題に挑戦しましょう。

 まずは練習問題で腕試し。どれだけ聞ける?どれだけ解ける?

レッツ トライ!

ここでは対話が2つあり、それぞれの対話につき問いが1つずつあります。音声を再生してそれぞれの対話を聞き、答えとして最も適当なものを、4つの選択肢のうちから1つずつ選びましょう。

【解答と解説→pp. 18〜19】

問1 🎧 001

What will the server bring?

□❶   □❷   □❸   □❹

問2 🎧 002

What is the man going to buy for his wife?

□❶   □❷   □❸   □❹

ココが狙われまっせ!

問1では、女性のお薦めに対して、男性がどのように答えているかに注意。問2は、女性が薦めている商品と、それに対する男性の返答を聞き落とさないようにしよう。

正解とスクリプト

太字部分が
正解の「カギ」。
次ページの
解説をチェック！

問1 正解 ③ 🎧 001

■スクリプト

W: Are you ready to order? Today's special is beef stew / with fresh vegetables.

M: Sounds good, / but I feel like seafood / today. **I'll have a salmon steak** / with baked potatoes, / please.

■語注

☐ Are you ready to order?：ご注文はお決まりですか？
☐ special：（レストランなどの）特別料理、お薦め品
☐ stew：シチュー　☐ sound：～に思われる　☐ feel like ～：～を欲しい気がする　☐ server：給仕人

■訳

女性：ご注文はお決まりですか？　本日のお薦め料理は、新鮮な野菜入りのビーフシチューです。

男性：おいしそうですね、でも、今日はシーフードが食べたいんです。ベークドポテト添えのサーモンステーキをお願いします。

給仕は何を持ってきますか？

❶ 　❷

❸ 　❹

問2 正解 ① 🎧 002

■スクリプト

M: I'm looking for / a birthday present / for my wife.

W: We're offering jackets, gloves and scarves / at discounted prices.

M: Well . . . **I'll take that scarf**, / which will look nice / with her favorite coat.

■語注

☐ offer：～を売り出す、提供する　☐ glove：手袋
☐ scarves：scarf（マフラー、スカーフ）の複数形
☐ discounted price：割引価格　☐ look nice with ～：～に似合う　☐ favorite：お気に入りの

■訳

男性：妻への誕生日プレゼントを探しているんですが。

女性：当店では、ジャケット、手袋、そしてマフラーを割引価格でご提供しております。

男性：ええと……、そのマフラーをいただきます。妻のお気に入りのコートと合いそうなので。

男性は妻のために何を買いますか？

❶ 　❷

❸ 　❹

キムタツの**3S**解説

話さなくちゃ身に付かない。解説を読んだら「音読」も忘れずに！

問1

対話の後半部分がポイント。男性は**Sounds good**の後で、**but I feel like seafood today.**と言っているので、**❸**か**❹**に絞られる。さらに男性は**I'll have a salmon steak**と続けているので、正解は**❸**となる。

Structure (構造)	**That sounds〜.**（それは〜に思われる）の主語の**That**は省略されることがある。「料理名＋with〜」は「〜入り［添え］の料理」を表す。
Sense (意味)	**Are you ready to order?**はレストランの店員が客に注文を聞く際の決まり文句。また、この会話で登場している**special**は形容詞でなく、「（レストランなどの）特別料理」という意味で使われていることにも注意。
Sound (発音)	語尾と次の語の語頭が同じ子音の場合、音をつなげて発音することが多い。**feel like**の部分では、**feel**の語尾と**like**の語頭が**l**（エル）なので、「フィールライク」ではなく、「フィーライク」とつなげて発音されている。

問2

ここでも正解のカギは対話の後半に隠されている。誕生日のプレゼントとして**jackets, gloves and scarves**を薦めている女性に対して、男性は**I'll take that scarf**と答えているので、正解は当然**❶**となる。

Structure (構造)	関係代名詞の**which**は普通、直前の「物」を先行詞とする。**I'll take that scarf, which 〜.**の**which**は**that scarf**を指している。**which**の前にコンマ（,）が入ると、ここで一息入れて情報を付加するような感じになる。これを関係代名詞の継続用法と呼ぶ。
Sense (意味)	**I'm looking for 〜.**、**We're offering 〜.**ともに、買い物のやりとりで使われる決まり文句。同じ**look**でも、男性の2番目のセリフにある**look**は、後ろに形容詞がくると「〜のように見える」という意味になる。
Sound (発音)	語尾の**g**音は、ほとんど発音されない。**I'm looking for**と**We're offering**が、それぞれ「アイムルッキンフォ」、「ウィアオファリン」となっているのを確認しておこう。

🎧 **003、004** | **音読に挑戦!** | 音声003、004を再生して、各対話文のセリフの後のポーズ（無音）部分で英文を音読しよう。意味の切れ目を表すスラッシュ（/）に注意!

ディクテーションで「英語の耳」を鍛えよう!

ドリル

音声を再生して、問1～問5の対話文を聞き、それぞれの空所に入る語を書き取ってみましょう(1回で書き取れない場合は、聞き取れるまで繰り返し音声を聞きましょう)。その後で、それぞれの対話の女性が買うと思われる物を、次ページのイラスト**Ⓐ**～**Ⓔ**から1つずつ選びましょう。

【解答と解説→pp. 22～23】

問1 🎧 005

W: I'd like a ① (　　　　　　　　), medium ② (　　　　　　　　) and a
　small ③ (　　　　　　　), please.
M: For ④ (　　　　　　) or to ⑤ (　　　　　　　　)?

問2 🎧 006

W: I really like this ① (　　　　　　　). I'll ② (　　　　　　　) it.
M: How would you like to ③ (　　　　　　)? By
　④ (　　　　　　) or card?

問3 🎧 007

W: I'm looking for a graduation ① (　　　　　　　) for my
　② (　　　　　　). What do you ③ (　　　　　　)?
M: How about a ④ (　　　　　) ⑤ (　　　　　　)? We carry
　a variety of brands.

問4 🎧 008

W: Excuse me. Can I ① (   ) ② (   ) this
    black ③ (   )?
M: Of course. We just ④ (   ) this ⑤ (   )
    line in the store yesterday.

問5 🎧 009

M: Your large black ① (   ) and ② (   ) are
    here. Who's ③ (   )?
W: Hi. I'll have ④ (   ) ⑤ (   ) with two
    sugars, please.

Ⓐ

Ⓑ

Ⓒ

Ⓓ

Ⓔ

ドリル解説

どれだけ
聞き取れたかを
チェック。

問1

■ 正解　① cheeseburger　② fries　③ Coke　④ here　⑤ go

■ 正解のイラスト　**C**

■ 訳　　女性：チーズバーガーとフライドポテトのM、それとコーラのSをお願いします。
　　　　男性：こちらでお召し上がりですか、お持ち帰りですか？

■ 語注　□fries：フライドポテト　□Coke：コカコーラ　□For here or to go?：店内でお召し上がりですか、お持ち帰りですか？

■ 解説　**I'd like 〜.は注文時に「〜をお願いします」と言うときの表現。**空所に入る語から、女性が注文しているのは**C**だと分かる。**medium**、**small**はそれぞれ「Mサイズ」「Sサイズ」を表している。

問2

■ 正解　① laptop　② take　③ pay　④ cash

■ 正解のイラスト　**B**

■ 訳　　女性：このノートパソコンが本当に気に入ったわ。これをください。
　　　　男性：お支払いはどういたしますか？　現金ですか、カードですか？

■ 語注　□laptop：ノートパソコン　□cash：現金

■ 解説　**I'll take it.は、前出の物を指して「それ［これ］をください」と言うときの決まり文句。**①の**laptop**から**B**が正解だと分かる。**By cash or card?**も支払い時によく聞かれる表現なので、しっかりと押さえておきたい。

問3

■ 正解　① gift　② daughter　③ recommend　④ fountain　⑤ pen

■ 正解のイラスト　**A**

■ 訳　　女性：娘に卒業祝いを探しているんです。何がお薦めですか？
　　　　男性：万年筆はいかがですか？　当店ではさまざまなブランドを取りそろえています。

■ 語注　□recommend：〜を薦める　□How about 〜?：〜はどうですか？　□fountain pen：万年筆　□carry：〜を（商品として）置いている　□a variety of 〜：いろいろの〜

■ 解説　**How about 〜?は「〜はどうですか？」と相手に物を薦めるときの表現。**「万年筆（**fountain pen**）はいかがですか？」と店員は薦めているので、正解のイラストは**A**となる。

■ 正解　① try　② on　③ coat　④ got　⑤ latest

■ 正解のイラスト　**Ｅ**

■ 訳　女性：すみません。この黒いコートを試着してみてもいいですか？
　　　男性：もちろんです。昨日店に入荷したばかりの最新モデルです。

■ 語注　□try on：〜を試着する　□coat：コート　□latest：最新の　□line：(商品の) 種類

■ 解説　**Can I try on 〜?は「〜を試着してもいいですか？」と言うときの表現。**「この黒いコートを試着してもいいですか？」と許可を得ているので、正解のイラストは**Ｅ**だと推測できる。

■ 正解　① coffee　② doughnuts　③ next　④ the　⑤ same

■ 正解のイラスト　**Ｄ**

■ 訳　男性：Lサイズのブラックコーヒーとドーナツです。次のお客さまどうぞ。
　　　女性：はい。私も同じものを、砂糖2つでお願いします。

■ 語注　□large：Lサイズの　□Who's next?：次のお客さまどうぞ。　□the same：同じもの

■ 解説　**I'll have the same.は「私も同じものをお願いします」と言うときの決まり文句。**直前に男性が**black coffee and doughnuts**を注文しているから、正解のイラストは**Ｄ**となる。

エクササイズ

ここでは対話が2つあり、それぞれの対話につき問いが1つずつあります。
音声を再生してそれぞれの対話を聞き、答えとして最も適当なものを、4つ
の選択肢のうちから1つずつ選びましょう。対話は2回流れます。

【解答と解説→『別冊解答集』p. 4】

問1 🎧010

What is the man going to buy?

❶ 　❷ 　❸ 　❹

問2 🎧011

What is the woman going to buy for her boyfriend?

❶ 　❷ 　❸ 　❹

これだけは忘れんといて！

- **That sounds 〜.**（それは〜に思われる）の主語の**That**は省略されることがある。
- 関係代名詞の**which**は普通、直前の「物」を先行詞とする。
- **Are you ready to order?** はレストランの店員が客に注文を聞く際の決まり文句。
- **I'm looking for 〜.**、**We're offering 〜.** ともに、買い物のやりとりで使われる決まり文句。
- 語尾と次の語の語頭が同じ子音の場合、音をつなげて発音することが多い。
- 語尾の**g**音は、ほとんど発音されない。

学習ポイント → 道順を聞き取る

「上下左右」そして「~番目」を聞き逃すな!

 今日は「道案内」の場面を中心に学習します。ところで、皆さんは外国人に道を聞かれたことはありますか? 今日の学習を終えれば、きっと「道案内の達人」になれますよ。

まずは練習問題で腕試し。どれだけ聞ける?どれだけ解ける?

レッツ トライ!

ここでは対話が2つあり、それぞれの対話につき問いが1つずつあります。音声を再生してそれぞれの対話を聞き、答えとして最も適当なものを、4つの選択肢のうちから1つずつ選びましょう。

【解答と解説→pp. 26~27】

問1 🎧 012

Where is the post office?

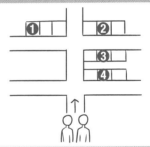

問2 🎧 013

Where is the manual?

ココが狙われまっせ!

問1では、「左右」「~番目」が聞き取りのポイント。男性のセリフを集中して聞くこと。
問2は「上下」と「~番目」をしっかりと聞き取ろう。

正解とスクリプト

太字部分が
正解の「カギ」。
次ページの
解説をチェック！

問1　正解 ❷　🎧012

■スクリプト

W: Excuse me. Do you know / if there's a post office / around here?

M: Yes. Go straight / and **turn right** / **at the second intersection**. It's the **second building** / **on your left**.

W: Thanks.

■語注
□Do you know if ～？：～かどうか知っていますか？
□post office：郵便局　□intersection：交差点　□on one's left：左側に［の］（「右側に［の］」は on one's right）

■訳

女性：すみません。この辺りに郵便局があるかご存じですか？

男性：ええ。真っすぐ行って、2番目の交差点を右に曲がってください。左側の2番目の建物ですよ。

女性：ありがとうございます。

郵便局はどこにありますか？

問2　正解 ❶　🎧013

■スクリプト

M: Cathy, / where did you put the manual / for the TV / we bought / last week?

W: It's / in the cabinet, / **the second drawer** / **from the top**. I'll get it / for you.

■語注
□manual：マニュアル、取扱説明書　□cabinet：キャビネット、戸棚　□drawer：引き出し

■訳

男性：キャシー、先週買ったテレビの取扱説明書をどこに置いたかい？

女性：キャビネットの中、上から2番目の引き出しよ。持ってきてあげるわ。

取扱説明書はどこにありますか？

///// キムタツの**3S**解説

話さなくちゃ
身に付かない。
解説を読んだら
「音読」も
忘れずに!

問1

地図の問題では、「左右」や、「〜番目」の「〜」に入る数字を聞き逃さないように注意。the second intersectionを turn right し、your leftのthe second building なのだから、正解は**❷**になる。

| **Structure**
（構造） | Do you know if 〜?のifは「もし〜ならば」ではなく「〜かどうか」という意味。道順を説明する際には、turn 〜 at . . .（……を〜に曲がる）は必ずと言っていいほど使われるので絶対に覚えておこう。 |

| **Sense**
（意味） | Excuse me.は「すみません」という意味。ほかに、「もう1度言ってくれませんか?」と相手に聞き返すときにも用いられる。intersection（交差点）などのように道案内で使われる単語に注意。 |

| **Sound**
（発音） | 語尾が子音で、次の語が母音で始まっている場合は、つながって発音される。したがって、there's aは「ゼアザ」、post officeは「ポウスタフィス」となる。音読の際には、音のつながりを意識するようにしよう。 |

問2

道順以外でも、場所を尋ねる問題では「上下」や「〜番目」がカギとなる。the second drawer from the topなのだから、正解は**❶**となる。ちなみに、「下から」ならばfrom the bottomとなる。

| **Structure**
（構造） | 関係代名詞の目的格は省略されることが多い。the TV we boughtは、the TV (that) we boughtのように、TVの後に関係代名詞のthatを補うと分かりやすくなる。 |

| **Sense**
（意味） | I'll get it.は「それを持ってきてあげましょう」という意味。このほかにも、電話が鳴っているときなどにI'll get it.と言うと、「私が（電話に）出ます」という意味になる。 |

| **Sound**
（発音） | 語尾のl（エル）音は、「ウ」のように発音されることが多い。I'll get itのI'llが「アイウ」のように読まれていることを確認しておこう。get itがつながって「ゲティットゥ」となっていることも要チェック。 |

🎧 **014、015**　**音読に挑戦!**　音声014、015を再生して、各対話文のセリフの後のポーズ（無音）部分で英文を音読してみよう。

ディクテーションで
「英語の耳」を
鍛えよう！

ドリル

音声を再生して、問1〜問5の対話文を聞き、それぞれの空所に入る語を書き取ってみましょう（1回で書き取れない場合は、聞き取れるまで繰り返し音声を聞きましょう）。その後で、それぞれの対話の場面として最適なイラストを、次ページの**Ⓐ**〜**Ⓔ**から1つずつ選びましょう。

【解答と解説→pp. 30〜31】

問1 🎧 016

M: Excuse me. Could you ① (　　　　　　　　　) me the way to City
　 ② (　　　　　　　　) ?
W: Sure. Turn ③ (　　　　　　　　) at the second set of traffic lights.
　 It's the ④ (　　　　　　　) building on your right.

問2 🎧 017

M: How can I ① (　　　　　　　　) to the Grand ② (　　　　　　　　) ?
W: The ③ (　　　　　　　) ④ (　　　　　　　　) leaves every 15
　 ⑤ (　　　　　　　) for the city.

問3 🎧 018

M: Where can I ① (　　　　　　　) dish ② (　　　　　　　　) ?
W: It's in the household ③ (　　　　　　　　). You can find it on the
　 ④ (　　　　　　　) in ⑤ (　　　　　　　) 2.

問4 🎧 019

M: Excuse me. Which ① (　　　　　　　) ② (　　　　　　　　) to the
amusement park?

W: ③ (　　　　　　　) the Green Line and ④ (　　　　　　) at
the ⑤ (　　　　　　) station.

問5 🎧 020

M: Where's the fiction ① (　　　　　　) ② (　　　　　　)? I'm
looking for the Harry Potter series.

W: It's ③ (　　　　　　) the comic book shelves
④ (　　　　　　) your ⑤ (　　　　　　).

Ⓐ 　Ⓑ 　Ⓒ

Ⓓ 　Ⓔ

Advice from キムタツ

夏のロンドンって、現地の人たちはバカンスで旅行に出掛けてるから、市内にはパー
トタイムで働きに来ている外国人でいっぱいなんよね。だから道を尋ねても、いろん
な種類の英語が返ってくる。場所はロンドン、相手も僕も外国人。そしてしゃべって
るのは英語。これが楽しいんねんなあ。

どれだけ
聞き取れたかを
チェック。

ドリル解説

問1

■ **正解**　① tell　② Hall　③ right　④ third

■ **正解のイラスト**　**B**

■ **訳**　男性：すみません。市役所への道を教えていただけませんか？
女性：いいですよ。2つ目の信号を右に曲がってください。右側の3つ目の建物です。

■ **語注**　□City Hall：市役所　□Sure.：いいですよ。　□traffic lights：信号

■ **解説**　**Could you tell me the way to 〜?は道順を尋ねるときの丁寧な表現。**
Turn 〜 at . . . やIt's the 〜 building on your . . . といった表現から、正解のイラストは街中
で道順を教えている**B**となる。

問2

■ **正解**　① get　② Hotel　③ airport　④ limousine　⑤ minutes

■ **正解のイラスト**　**C**

■ **訳**　男性：グランドホテルへはどう行けばいいのですか？
女性：空港のリムジンバスが、15分おきに街に出ていますよ。

■ **語注**　□limousine：（空港などからの）リムジンバス　□leave：出発する　□every：〜ごとに

■ **解説**　**How can I get to 〜?は、道順を尋ねる以外にも、交通手段を尋ねるとき
に使われる。limousine**は「（空港などからの）リムジンバス」のことなので、空港のイン
フォメーションデスクのイラスト**C**が最も適している。

問3

■ **正解**　① find　② detergent　③ section　④ shelves　⑤ Aisle

■ **正解のイラスト**　**E**

■ **訳**　男性：食器洗剤はどこにありますか？
女性：家庭用品売り場にございます。2番通路の棚でお探しいただけます。

■ **語注**　□detergent：洗剤　□household：家庭（用）の　□shelves：shelf（棚）の複数形　□aisle：（商店などの）
通路

■ **解説**　**Where can I find 〜?は、物の場所を尋ねる際の表現。** 道順を聞くときにも用
いることができる。**household section**や**aisle**といった語から、対話の場面はスーパーマー
ケットの**E**になる。

問4

■ 正解　① line　② goes　③ Take　④ transfer　⑤ fifth

■ 正解のイラスト　Ⓐ

■ 訳　男性：すみません。どの線が遊園地行きですか？
　　　女性：グリーンラインに乗って、5番目の駅で乗り換えてください。

■ 語注　□line：線　□amusement park：遊園地　□transfer：乗り換える

■ 解説　**Which line goes to 〜?**は、乗るべき電車を尋ねる際の表現。**Take the 〜 Line**や**transfer at . . .**といった表現からも、正解は駅で遊園地行きの電車の案内をしているⒶであることがわかる。

問5

■ 正解　① section　② located　③ behind　④ on　⑤ right

■ 正解のイラスト　Ⓓ

■ 訳　男性：小説のコーナーはどこにありますか？　ハリー・ポッターシリーズを探しているのですが。
　　　女性：お客さまの右側にある漫画の棚の裏にございます。

■ 語注　□fiction：小説　□locate：〜を…に置く　□behind：〜の裏に

■ 解説　**Where's 〜 located?**は、物の置き場を尋ねる際の表現。**fiction section**や**comic book shelves**といった語から、対話の場面は本屋のⒹであることがわかる。

エクササイズ

ここでは対話が2つあり、それぞれの対話につき問いが1つずつあります。
音声を再生してそれぞれの対話を聞き、答えとして最も適当なものを、4つ
の選択肢のうちから1つずつ選びましょう。対話は2回流れます。

【解答と解説→『別冊解答集』p. 5】

問1 🎧 021

Where is the bank?

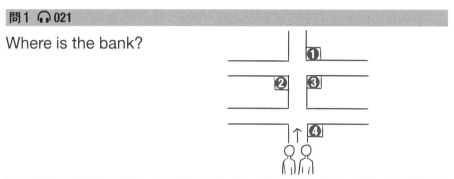

問2 🎧 022

Where does the man think Mary is?

これだけは忘れんといて!

- **Do you know if ~?**の**if**は「もし~ならば」ではなく「~かどうか」という意味。
- 関係代名詞の目的格は省略されることが多い。
- **Excuse me.**は「すみません」という意味。
- **I'll get it.**は「それを持ってきてあげましょう」という意味。
- 語尾が子音で、次の語が母音で始まっている場合は、つながって発音される。
- 語尾のl（エル）音は、「ウ」のように発音されることが多い。

date of study 学習日 | month 月 | day 日

学習ポイント → 値段・数を聞き取る

数字の聞き取りに加え、計算もできるようにする。

数字の聞き取り問題は、必ず出題されると予想し、十分に準備しましょう。聞き取り自体は難しくなくても、計算が必要となる場合はどうでしょう？ さっそく問題にトライ！

まずは練習問題で腕試し。どれだけ聞ける？どれだけ解ける？

レッツ トライ！

ここでは対話が2つあり、それぞれの対話につき問いが1つずつあります。音声を再生してそれぞれの対話を聞き、答えとして最も適当なものを、4つの選択肢のうちから1つずつ選びましょう。

【解答と解説→pp. 34〜35】

問1 🎧 023

What will the high temperature be tomorrow?

☐ ❶ | ☐ ❷ | ☐ ❸ | ☐ ❹
18 degrees | 8 degrees | 10 degrees | 28 degrees

問2 🎧 024

How much did Jenny pay for the watch?

☐ ❶ | ☐ ❷ | ☐ ❸ | ☐ ❹
$70 | $300 | $700 | $1,000

ココが狙われまっせ！

問1は、対話に登場する数字（2つ）がそれぞれ何を表しているかに注意。その数字を計算すると、正解が導けるはず。問2では、「定価」と「〜引き」の部分を聞き落とさないようにしよう。

正解とスクリプト

太字部分が
正解の「カギ」。
次ページの
解説をチェック!

問1 正解 ② 🎧 023

■スクリプト

W: Did you hear / that tomorrow's high temperature will be / **10 degrees lower than today's**?

M: **Today**, it's going to reach **18**, / so we'll need winter coats / tomorrow.

■語注

□temperature：気温　□degree：(温度などの) 度
□reach：〜に達する

■訳

女性：明日の最高気温は今日よりも10度低いって聞いた？

男性：今日は18度になるらしいから、明日は冬物のコートが必要になるね。

最高気温は明日、何度になりますか?

❶	❷
18度	8度

❸	❹
10度	28度

➜

問2 正解 ② 🎧 024

■スクリプト

M: You look so happy / today, / Jenny. What happened?

W: I finally bought the watch / I really wanted. **The regular price is 1,000 dollars**, / but I got it / **70 percent off** / at the discount shop!

■語注

□What happened?：どうしたのですか？　□finally：ついに、やっと　□regular price：定価

■訳

男性：今日はとても幸せそうだね、ジェニー。どうしたんだい？

女性：本当に欲しかった腕時計をついに買ったの。定価は1000ドルだけど、ディスカウントショップで70パーセント引きで手に入れたのよ！

ジェニーは腕時計にいくら払いましたか?

❶	❷
70ドル	300ドル

❸	❹
700ドル	1,000ドル

➜

キムタツの**3S**解説

話さなくちゃ身に付かない。解説を読んだら「音読」も忘れずに!

問1

聞き取れた数字が正解になるとは限らない。今日の最高気温が18度で、明日は今日よりも10度低い(**10 degrees lower than today's**)と言っているのだから、正解は**②**になる。

| **Structure**（構造） | 比較級を用いた文では、「差」を表す語句を比較級の前に置く。**10 degrees lower**は「10度低い」ということ。**today's**の後に**high temperature**が省略されていることも確認しておこう。 |

| **Sense**（意味） | **reach**には「〜に着く、到着する」以外にも、「〜に達する」という意味がある。**high temperature**は「最高気温」のこと。**highest temperature**のように最上級を用いることもある。温度の「度」を表すときには**degree**を用いる。 |

| **Sound**（発音） | 語尾のt音は、非常に弱く発音される。**that**が「ザッ」のように読まれていることを音声で確認しておこう。 |

問2

簡単な数字の計算が必要な場合もある。定価が1000ドルの腕時計を70パーセント引き(**70 percent off**)で買ったのだから、正解は1000ドルから700ドルを引いた**②**になる。

| **Structure**（構造） | 値段の「〜引きで」は〜 **off**で表される。「〜で」と言うと数字の前に前置詞が入りそうだが、前置詞は使わない。**the watch I really wanted**の**watch**の後に関係代名詞の**that**が省略されていることにも注意。 |

| **Sense**（意味） | **What happened?**は「どうしたのですか?」と言う場合の決まり文句。相手が喜んでいる場合以外に、悲しんでいるときにももちろん使える。**I got it**の**got**は、ここでは「〜を買う」という意味で使われている。 |

| **Sound**（発音） | 語尾のd音は、非常に弱く発音される。**happened**、**wanted**が、それぞれ「ハプン(ドゥ)」、「ウォンティッ(ドゥ)」のように読まれていることを確認しておこう。 |

🎧 025、026 | **音読に挑戦!** | 音声025、026を再生して、各対話文のセリフの後のポーズ(無音)部分で英文を音読してみよう。

ディクテーションで
「英語の耳」を
鍛えよう!

ドリル

音声を再生して、問1〜問5の対話文を聞き、それぞれの空所に入る語または数字を書き取ってみましょう。その後で、問1の男性が持っている「クラシック音楽のCDの枚数」、問2で話題になっている「都市の現在の人口数」、問3の男性がコンピューターを買うために現在持っている「金額」、問4で男女それぞれが支払う「金額」、問5で発展途上国のために働いている「従業員数」を、それぞれ次ページの**A**〜**E**から1つずつ選びましょう。

【解答と解説→pp. 38〜39】

問1 🎧 027

W: You really ① (　　　　　　　　) classical music,
　　② (　　　　　　　　) you?
M: Yeah, about ③ (　　　　　　　　) of my ④ (　　　　　　　　) CDs
　　are classical music.

問2 🎧 028

W: This city's ① (　　　　　　　　) was only ② (　　　　　　　　), 10
　　years ago, right?
M: Yes, and it has ③ (　　　　　　　　) that ④ (　　　　　　　　) of
　　people now.

問3 🎧 029

W: How much is the ① (　　　　　　　　) you want to
　　② (　　　　　　　　)?
M: I need ③ (　　　　　　　　) yen, but I'm ④ (　　　　　　　　) yen
　　short.

問4 🎧 030

M: The bill for dinner at Royal Restaurant will be ① (　　　　　　　)
dollars.
W: I have a ② (　　　　　　　) percent off coupon. Let's
③ (　　　　　　　) the ④ (　　　　　　　).

問5 🎧 031

M: This company ① (　　　　　　　) ② (　　　　　　　) people,
doesn't it?
W: Yes. And as ③ (　　　　　　) as ④ (　　　　　　) of us are
working for the benefit of developing countries.

Ⓐ
95,000

Ⓑ
200

Ⓒ
60,000

Ⓓ
90

Ⓔ
80,000

ドリル解説

問1

■ 正解　① like　② don't　③ half　④ 400

■ 正解の数字　**B**

■ 訳　女性：あなたって本当にクラシック音楽が好きなのね？
男性：うん、僕の400枚のCDの半分ほどはクラシック音楽のなんだよ。

■ 語注　□classical：クラシックの

■ 解説　**half of ～**で「～の半分」を表す。男性が持っている400枚のうちの半分ほどはクラシック音楽のCDだから、正解は**B**となる。女性のセリフの**don't you?**は付加疑問文で、相手に確認したり同意を求めたりする際に用いる。

問2

■ 正解　① population　② 40,000　③ twice　④ number

■ 正解の数字　**E**

■ 訳　女性：この街の人口は、10年前はたった4万人だったんでしょ？
男性：そうだよ、それが今はその人口が2倍になっているんだよ。

■ 語注　□population：人口　□twice：2倍

■ 解説　「2倍」は**twice**で表す。3倍以上は**three [four, five] times**のように**times**を用いる。10年前に4万人だった人口が現在では2倍になったと言っているのだから、正解は**E**。

問3

■ 正解　① computer　② buy　③ 100,000　④ 5,000

■ 正解の数字　**A**

■ 訳　女性：あなたが買いたがっているコンピューターはいくらなの？
男性：10万円必要なんだけど、5000円足りないんだよ。

■ 語注　□short：不足して

■ 解説　「不足して」を表す**short**に注意。「～円 [ドル] 足りない」と言う場合、**be ～ yen [dollars] short**のように**be**動詞を使うことも覚えておこう。10万円必要で、5000円足りないのだから、正解は当然**A**となる。

問4

■**正解**　① 200　② 10　③ split　④ rest

■**正解の数字**　**D**

■**訳**　男性：ロイヤルレストランでの夕食代は200ドルになるね。
女性：10％オフのクーポン割引券を持ってるわ。残りを割り勘にしましょう。

■**語注**　□bill：勘定　□coupon：割引券　□split：〜を分ける　□the rest：残り

■**解説**　**「〜を分ける」を表すsplitに注意**。200ドルかかるところが10％オフのクーポンで180ドルになり、さらにそれを2人で割り勘にするので、正解は**D**。

問5

■**正解**　① employs　② 90,000　③ many　④ two-thirds

■**正解の数字**　**C**

■**訳**　男性：この会社は90,000の従業員を雇っているんですよね？
女性：はい。そして、3分の2もの多くの従業員が発展途上国のために働いています。

■**語注**　□employ：〜を雇う　□as many as 〜：〜もの多くの　□for the benefit of：〜のために　□developing countries：発展途上国

■**解説**　**「3分の2の〜」はtwo-thirds of 〜で表す**。「3分の1の〜」と言う場合は、**one-third of 〜**。90,000の3分の2なので、正解は**C**となる。**as many as 〜**は「〜もの多くの」という意味。

今日の
学習成果を、
実践形式の問題で
確認しよう!

エクササイズ

ここでは対話が2つあり、それぞれの対話につき問いが1つずつあります。
音声を再生してそれぞれの対話を聞き、答えとして最も適当なものを、4つ
の選択肢のうちから1つずつ選びましょう。対話は2回流れます。

【解答と解説→『別冊解答集』p. 6】

問1 🎧 032

When will the woman probably finish her work?

☐ ❶　　　　☐ ❷　　　　☐ ❸　　　　☐ ❹
7:20 p.m.　　7:40 p.m.　　8:00 p.m.　　8:20 p.m.

問2 🎧 033

How many people were at the reunion?

☐ ❶　　　　☐ ❷　　　　☐ ❸　　　　☐ ❹
9　　　　　　10　　　　　11　　　　　12

これだけは忘れんといて!

● 比較級を用いた文では、「差」を表す語句を比較級の前に置く。
● 値段の「〜引きで」は **〜 off** で表される。
● **reach**には「〜に着く、到着する」以外にも、「〜に達する」という意味がある。
● **What happened?**は「どうしたのですか?」と言う場合の決まり文句。
● 語尾の**t**音は、非常に弱く発音される。
● 語尾の**d**音は、非常に弱く発音される。

学習ポイント → 複数の情報を整理する

会話の流れと、butや否定の表現に要注意。

 複数の情報から正解を導く基本は、同種のものが「いくつ」あって、「どれ」が最終的に選ばれているかを聞き取ること。まずは、下の問題に挑戦してみましょう。

まずは
練習問題で腕試し。
どれだけ聞ける？
どれだけ解ける？

レッツ トライ！

ここでは対話が2つあり、それぞれの対話につき問いが1つずつあります。音声を再生してそれぞれの対話を聞き、答えとして最も適当なものを、4つの選択肢のうちから1つずつ選びましょう。

【解答と解説→pp. 42～43】

問1 🎧 034

How much will they take on the trip?

☐ ❶　　　　☐ ❷　　　　☐ ❸　　　　☐ ❹
$200　　　$300　　　$500　　　$600

問2 🎧 035

What will Jeff take to the party?

☐ ❶　　　　☐ ❷　　　　☐ ❸　　　　☐ ❹

ココが狙われまっせ！

問1では、登場する4つの金額が何の金額かを聞き取り、さらに計算する必要がある。
問2は、それぞれの人物が何を持ってくるかが分かれば、正解を絞り込めるはず。

正解とスクリプト

太字部分が
正解の「カギ」。
次ページの
解説をチェック!

問1　正解 ④ 🎧 034

■スクリプト

W: How much should we bring / for the trip?
Maybe around **500 dollars**?

M: The hotel bill will be **300**, / and we'll need
100 / for transportation. And we'd better
bring an additional **200** dollars / for any
other expenses.

W: **That's right.**

■語注

□around：およそ（about）　□bill：勘定（書）、請求書
□transportation：交通費、旅費　□had better 〜：〜し
たほうがいい　□additional：余分の、追加の
□expense：出費、費用　□That's right.：その通りです。

■訳

女性：旅行にいくら持っていくべきかしら？　たぶん、
　　　500ドルくらいかしら？

男性：ホテル代が300ドルで、交通費に100ドル必要に
　　　なるよね。それに、そのほかの出費に余分に200
　　　ドル持っていったほうがいいよ。

女性：その通りね。

彼らは旅行にいくら持っていきますか？ →

❶
200ドル

❷
300ドル

❸
500ドル

❹
600ドル

問2　正解 ① 🎧 035

■スクリプト

M: I'm really looking forward to / your party, /
Carol. Shall I bring something to drink?

W: Thanks, / Jeff. But **Tom**'s going to bring
some wine. **Mary**'s bringing
snacks, / so maybe you could buy a
cake.

M: **OK.**

■語注

□look forward to 〜：〜を楽しみに待つ　□Shall I 〜？：
〜しましょうか？

■訳

男性：君のパーティーを本当に楽しみにしているよ、キ
　　　ャロル。何か飲み物を持っていこうか？

女性：ありがとう、ジェフ。でも、トムがワインを持っ
　　　てくるのよ。メアリーはスナックを持ってくるか
　　　ら、ケーキを買ってくれないかしら。

男性：いいよ。

ジェフはパーティーに何を持ってきますか？ →

❶

❷

❸

❹

キムタツの**3S**解説

問1

金額が4つ登場するので、流れを押さえながら聞き進めていきたい。男性は旅行に持っていくお金の内訳として、300ドル（ホテル代）、100ドル（交通費）、200ドル（そのほかの出費）を挙げているので、正解は**❹**となる。

Structure（構造）
分かり切った場面では、dollarsなどの単位は省略されることが多い。男性のセリフの**300**と**100**の後には、**dollars**が省略されている。このように英語では、単位を省略して話すこともあるので注意しよう。

Sense（意味）
That's right.は同意を表す表現。直訳の「それは正しい」から転じて、「その通りです」という意味になる。**around**には、**about**と同じく「およそ」という意味があることも押さえておこう。

Sound（発音）
hotelは「ホウテル」と発音し、「テ」にアクセントを置く。日本語の「ホテル」のように発音すると、通じないことが多いので注意しよう。

問2

人と物の組み合わせに注意。**Tom**は**some wine**を、**Mary**は**snacks**を持ってくる。女性の**maybe you could buy a cake.**に対して、男性は**OK.**と返事をしているので、正解は**❶**となる。

Structure（構造）
近い未来の予定を表す場合、現在進行形が用いられることもある。**Mary's bringing snacks**は現在進行形の文だが、ここでは進行中の動作ではなく、近い未来の予定を表している。

Sense（意味）
Shall I 〜?は「〜しましょうか？」と相手の意向や希望を尋ねる際に用いる表現。相手を勧誘する際に使う**Shall we 〜?**（一緒に〜しませんか？）と併せて覚えておこう。

Sound（発音）
Shall Iは「シャルアイ」ではなく、「シャライ」とつなげて発音する。また、**looking**、**bring**、**going**、**bringing**の語尾の**g**が、ほとんど消えるくらいに弱く発音されていることにも注意しながら、音読に挑戦してみよう。

🎧 **036、037** | **音読に挑戦！** | 音声036、037を再生して、各対話文のセリフの後のポーズ（無音）部分で英文を音読してみよう。

ディクテーションで「英語の耳」を鍛えよう!

ドリル

音声を再生して、問1〜問4の対話文を聞き、それぞれの空所に入る語や日付、数字を書き取ってみましょう。その後で、問1で話題になっている「今日のこれからの天気」、問2で話題になっている「レポートの締め切り日」、問3で話題になっている「初めに運び出す家具」、問4で話題になっている「チリでの滞在日」を、それぞれ🅐〜🅒から1つずつ選びましょう。

【解答と解説→pp. 46〜47】

問1 🎧038

M: It's ① (   ) outside, so you should take an
② (   ) with you in case it ③ (   ).
W: I don't think I have to. The ④ (   ) forecast said it'll
⑤ (   ) up soon.

🅐   🅑   🅒

問2 🎧039

M: Can you finish the report by the ① (   ) date of the
② (   )?
W: I'm a few days ahead of ③ (   ), so I think I can have
it done by the ④ (   ) or ⑤ (   ).

🅐
17th

🅑
18th

🅒
20th

問3 🎧 040

W: Let's start by moving the ① (   ) and the
   ② (   ) out of the room.

M: Well, ③ (   ) don't ④ (   ) start with the
   ⑤ (   )? It's the biggest thing in there.

Ⓐ    **Ⓑ**    **Ⓒ**

問4 🎧 041

W: Why don't we stay in Peru for ① (   ) days and
   ② (   ) or ③ (   ) days in Chile?

M: I'm afraid we don't have much time. I think the ④ (   ),
   the ⑤ (   ).

Ⓐ   **Ⓑ**   **Ⓒ**

2   3   7

▌ Advice from キムタツ

人間の脳って、一度に複数の情報を処理できるんです。電話で誰かと話しながらメールを読んだりね。ところが英語になると、なんだか複雑やなあって思いません？ 複雑なわけやないんです。慣れてないだけなんです。え？ できない？ そりゃ回数が足りんねんて。ラクしようと思ったらあきません。

ドリル解説

どれだけ
聞き取れたかを
チェック。

問1

■ 正解　① cloudy　② umbrella　③ rains　④ weather　⑤ clear

■ 正解のイラスト　**C**

■ 訳　　男性：外は曇っているから、雨に備えて傘を持っていったほうがいいよ。
　　　　女性：その必要はないと思うわ。天気予報によると、すぐに晴れ上がるそうよ。

■ 語注　□in case 〜：〜の場合に備えて、〜するといけないから　□weather forecast：天気予報　□clear up：(天候が)晴れ上がる

■ 解説　**clear up**は「(天候が) 晴れ上がる」という意味。したがって、正解は**C**。**cloudy**や**rains**といった語に惑わされないように注意したい。**I don't think I have to.**のような否定の表現も、正解を導き出す際のカギとなるので聞き逃さないこと。

問2

■ 正解　① deadline　② 20th　③ schedule　④ 17th　⑤ 18th

■ 正解の選択肢　**C**

■ 訳　　男性：締め切り日の20日までにそのレポートを終えることができる？
　　　　女性：予定より数日先に進んでいるから、17日か18日までに終わらせることができると思うわ。

■ 語注　□deadline：締め切り　□ahead of 〜：〜より先 [前] に

■ 解説　**それぞれの日が何を表すのか聞き逃さないこと。**締め切り日（**deadline date**）は20日（**20th**）と言っているので、正解は**C**となる。**17th**と**18th**は、レポートを仕上げられそうな日のことである。

問3

■ 正解　① table　② sofa　③ why　④ we　⑤ bed

■ 正解のイラスト　**C**

■ 訳　女性：テーブルとソファを部屋から運び出すことから始めましょう。
　　　男性：ええと、ベッドから始めない？　そこで一番大きいものだから。

■ 語注　□move out：〜を運び出す　□in there：そこで

■ 解説　**Why don't we 〜?は直訳の「なぜ一緒に〜しないのですか？」から転じて「〜しませんか」と勧誘するときの表現。**「ベッドから始めない？」と言っているので、正解は**C**となる。

問4

■ 正解　① seven　② two　③ three　④ shorter　⑤ better

■ 正解の選択肢　**A**

■ 訳　女性：ペルーに7日間、チリには2〜3日滞在するのはどう？
　　　男性：そんなに時間がないと思うんだ。短いほうがいいんじゃないかな。

■ 語注　□I'm afraid 〜：（残念ながら）〜だと思う

■ 解説　**複数から選択するときの表現に注意する。**2〜3日という選択肢があって、**the shorter, the better**（短いほうがいい）と言っているので、正解は**A**。

エクササイズ

ここでは対話が2つあり、それぞれの対話につき問いが1つずつあります。
音声を再生してそれぞれの対話を聞き、答えとして最も適当なものを、4つ
の選択肢のうちから1つずつ選びましょう。対話は2回流れます。

【解答と解説→『別冊解答集』p. 7】

問1 🎧042

When will they have a meeting?

☐❶   ☐❷   ☐❸   ☐❹

11 a.m.   2 p.m.   4 p.m.   5 p.m.

問2 🎧043

What will the man eat for dinner?

☐❶   ☐❷   ☐❸   ☐❹

これだけは忘れんといて!

● 分かり切った場面では、**dollars**などの単位は省略されることが多い。
● 近い未来の予定を表す場合、現在進行形が用いられることもある。
● **That's right.** は同意を表す表現。
● **Shall I ～?**は「～しましょうか?」と相手の意向や希望を尋ねる際に用いる表現。
● **hotel**は「ホウテル」と発音し、「テ」にアクセントを置く。
● **Shall I**は「シャルアイ」ではなく、「シャライ」とつなげて発音する。

Welcome to Kimutatsu's Cafe 1

コラム「Kimutatsu's Cafe」では、
4回にわたってキムタツ先生の
教え子の大学生、社会人をお迎えして、
おすすめのリスニング学習法や、
今、感じている英語の重要性について
語っていただきます。

英語を聞く「コツ」を忘れないように 毎日レベルに合った英語を集中して聞く

中谷 将麻さん（NAKATANI, Shoma）東京大学在学

現在私は東京大学理科一類の前期教養課程で学んでいます。東大の前期教養課程は理系でも語学の授業が多く、第二外国語の授業に加え、英語はリーディング、スピーキング、論文を書く授業などがあり、ここで将来最先端の分野で活躍するために必要となる技能の基礎を身に付けます。**最新の知識を得るには英語の論文を読めないといけないし、自分たちの研究成果は英語で論文を書いたり発表したりしないと他の人と共有できません。**リスニングの授業はないの？ と思った人もいると思います。リスニングに特化した授業はありませんが、リーディングの授業以外は先生が英語で説明する授業が多く、授業内容を理解するために必要なレベルのリスニング力は身に付いていることが前提になっています。

私は受験勉強開始当初、英語が苦手でした。英語を苦手と感じなくなるようにするには、まずは単語を覚えるしかありませんでした。そしてある程度単語も覚えリーディング力もついてきたときにリスニング対策としてやっていたことは、**英語を聞く「コツ」を忘れないようにするために毎日とりあえず英語を聞く**ということでした。その

ために具体的には、問題集のリスニング教材の内容を聞く気分になれない日は、自分が興味のある分野のプレゼンテーションや有名人のスピーチ、好きな俳優のインタビューを聞いていました。しかしこれは注意が必要で、**何と言っているのか聞き取れるか聞き取れないかレベルの題材を選んだ上で集中して聞く必要があります。**

ところで、やる気が起きず、ふと受験勉強って将来役に立つのかと疑問に思うことはないでしょうか？ 教養課程を終えようとしている一大学生がこれについての考えを述べさせていただきますと、役に立たない勉強や知識はありません。ある人にとってそれらを活用できるかできないかだけで、勉強や知識の中の一部に興味を持ってうまく活用できる人がその分野の専門家となるのです。今は味気ない勉強でもそれはいつか自分が興味を持てる分野の基礎になっているかもしれません。何に興味があるか分からないうちは、「**今目の前にある勉強をやることが、結果的に自分が興味を持てることを将来見つけるきっかけをつくっている**」と思って勉強に取り組んでみてはどうでしょうか？

Chapter
2

応答文選択問題対策

Chapter 2 で は、Day 5 ～ Day 8
の 4 日間にわたって、応答文選択問
題への対応力をつけていきます。対話
の往復数・平均語数とも Chapter 1
で扱った問題と変わりませんが、場面
や状況に応じた会話特有の表現がどれ
だけ身に付いているかが問われます。

・対話の往復数＝ ABA（1 往復半）
　または ABAB（2 往復）
・対話の平均語数＝ 25 語程度

詳しくは、次のページの
「応答文選択問題の傾向と攻略法」
をチェック！

応答文選択問題の傾向と攻略法

まずは、このタイプの問題の出題形式と傾向、そして攻略法を確認しておきましょう。

◢ 出題形式

●問題形式：短い対話を聞き、対話文に続く応答文として最も適当なものを選択肢から1つ選ぶ。

◢ 出題傾向

●対話の往復（応答文を含む）はABA（1往復半）またはABAB（2往復）、平均語数は25語程度。
●対話の内容は、診察、予定、引っ越し、手伝いなど、日常生活に関係するものならどのようなものでも出題される可能性がある。

◢ 攻略法

●あらかじめ選択肢の応答文にざっと目を通しておき、対話の内容を予想する。「時」に関する応答文ならWhen、「場所」に関する応答文ならWhere といった疑問詞を含んだセリフが、応答文の直前に登場すると予想できる。
●5W1H（When、Where、Who、What、Why、How）を含んだ疑問文の正確な聞き取りと、それに対する応答の仕方を身に付けておく。
●依頼や勧誘など、日常生活で多用する慣用表現と、それに対する応答表現を多く身に付けておく。

学習ポイント→5W1Hを聞き取る①

文頭の5W1Hを聞き逃すな!

今日から、Chapter 2に入ります。応答文選択問題では、日常生活でよく使われる表現が身に付いているかが問われます。まずは5W1Hの聞き取りからスタート!

まずは
練習問題で腕試し。
どれだけ聞ける?
どれだけ解ける?

レッツ トライ!

ここでは対話が2つあります。音声を聞いて、それぞれの対話に続く応答として最も適当なものを、4つの選択肢のうちから1つずつ選びましょう。

【解答と解説→pp. 54〜55】

問1 🎧 044

☐ ❶ Since this Tuesday.
☐ ❷ By this Thursday.
☐ ❸ By next Monday.
☐ ❹ Until tomorrow morning.

問2 🎧 045

☐ ❶ I heard Ms. Smith was taking over his position.
☐ ❷ Because he received a better offer from another company.
☐ ❸ They say he's quitting next month.
☐ ❹ He said he had already placed an order.

ココが狙われまっせ!

問1、問2とも、最後のセリフの文頭で使われている5W1Hが聞き取れているかがポイント。女性の発言に特に集中して聞いてみよう。

正解とスクリプト

太字部分が正解の「カギ」。次ページの解説をチェック!

問1 正解 ❸ 🎧 044

■ スクリプト（応答文を含む）

W: Why don't you / come to the movies / with us / this Friday night?

M: I'd love to, / but I have some reports / to do.

W: That's too bad. **By when do you have to have them finished?**

M: By next Monday.

■ 語注
□Why don't you ～? : ～しませんか?
□That's too bad. : それは残念です。

■ 訳（応答文を含む）

女性：今度の金曜日の夜に、私たちと一緒に映画に来ない?

男性：行きたいけど、やらなくちゃならないレポートがいくつかあるんだよ。

女性：それは残念ね。いつまでに終わらせなくちゃならないの?

男性：来週の月曜日までだよ。

❶ 今週の火曜日からだよ。
❷ 今週の木曜日までだよ。
❸ 来週の月曜日までだよ。
❹ 明日の朝までずっとだよ。

問2 正解 ❶ 🎧 045

■ スクリプト（応答文を含む）

M: Did you know / that our boss is leaving the company?

W: Really? **Who's replacing him?**

M: I heard / Ms. Smith was taking over / his position.

■ 語注
□leave : (仕事など) を辞める　□replace : ～に取って代わる、～の後継者となる　□take over ～ : ～を引き継ぐ　□offer : 申し出、オファー　□quit : 辞める　□place an order : 注文する

■ 訳（応答文を含む）

男性：僕たちの上司が会社を辞めるって知ってた?

女性：本当? 誰が彼の代わりになるのかしら?

男性：スミスさんが彼の地位を引き継ぐって聞いたよ。

❶ スミスさんが彼の地位を引き継ぐって聞いたよ。
❷ 彼はほかの会社からもっといい申し出を受けたからさ。
❸ 彼は来月、辞めるらしいよ。
❹ すでに注文したって彼は言っていたよ。

キムタツの **3S解説**

話さなくちゃ身に付かない。解説を読んだら「音読」も忘れずに!

問1

by（〜までに［は］）は「期限」を、until（〜まで［ずっと］）は「継続」を表す。 レポートをいつまでに終えなければならないか尋ねられているので、正解は**❸**となる。untilはその時まで動作が継続している様子を表すので**❹**は不可。

Structure（構造）	**お互いに分かっている部分は省略される。** 男性の最初のセリフ中の**I'd love to**の後には、直前の女性のセリフにある**come to the movies**が省略されている。**I'd love to**だけで「そうしたいけど（できない）」というニュアンスになる。
Sense（意味）	**Why don't you 〜?は「〜してはどうですか?」と相手に提案する際の表現。How about -ing?**でも同じ意味を表すことができる。**That's too bad.**は「それは残念です」と相手を思いやるときに用いられる。
Sound（発音）	**5Wのwho以外の最初の/h/音は発音されないことが多い。** 冒頭の**Why**が「フワイ」ではなく「ワイ」と読まれていることを確認しよう。同様に、**what**、**where**、**when**も「ワットゥ」「ウェア」「ウェン」と発音されることが多い。

問2

Whoが聞き取れたら、人物名に要注意。 「誰が彼の代わりになるのかしら?」と聞かれているのだから、**Ms. Smith**という人物名で答えている**❶**が正解。**replace**（〜に取って代わる）と**take over 〜**（〜を引き継ぐ）を併せて覚えておこう。

Structure（構造）	**that節を導くthatは省略されることが多い。Did you know that 〜?**は「〜を知っていましたか?」という意味。**I heard (that) 〜.**でthatが省略されているように、**Did you know (that) 〜?**とthatなしで節がくることもある。
Sense（意味）	**leaveには「（仕事など）を辞める」という意味もある。** この**leave**は、選択肢の**❸**にある**quit**と同じ意味で用いられている。**Really?**は「本当ですか?」と驚いたり、興味や疑念を表したりする際にも用いられる。
Sound（発音）	**heardは「ヒアードゥ」ではなく「ハードゥ」と発音する。** 原形の**hear**の発音に引きずられないように注意しよう。

🎧 **046、047**　音読に挑戦!　音声046、047を再生して、各対話文のセリフの後のポーズ（無音）部分で英文を音読しよう。意味の切れ目を示すスラッシュ（/）に注意!

ドリル

ディクテーションで
「英語の耳」を
鍛えよう!

音声を再生して、問1〜問5の女性のセリフの空所に入る語を書き取ってみ
ましょう（1回で書き取れない場合は、聞き取れるまで繰り返し音声を聞き
ましょう）。その後で、女性のセリフに対する応答として最も適当な男性の
セリフを次ページの **Ⓐ**〜**Ⓔ** から1つずつ選びましょう。

【解答と解説→pp. 58〜59】

問1 🎧 048

W: ① (   ) do you want to ② (   ) for
   ③ (   ) tonight?

問2 🎧 049

W: ① (   ) did you ② (   ) about
   ③ (   ) ?

問3 🎧 050

W: ① (   ) you remember ② (   ) Ms. Smith
   ③ (   ) about the next exam's ④ (   ) ?

問4 🎧051

W: ① (　　　　　　　　) ② (　　　　　　　　　　) does it
　③ (　　　　　　　) to get to your school?

問5 🎧052

W: I ① (　　　　　　　　) ② (　　　　　　　　　) movie was
　③ (　　　　　　　) as the ④ (　　　　　　)
　⑤ (　　　　　　　) this year?

Ⓐ M: No. Maybe you could ask Charley.
Ⓑ M: Mr. Lee's was. It had been expected to win the award.
Ⓒ M: My father taught me how to use one when I was in junior high school.
Ⓓ M: How about going to that new French restaurant on Oxford Street?
Ⓔ M: Five minutes by train or 20 minutes on foot.

ドリル解説

問1

■ **正解**　① Where　② go　③ dinner

■ **正解の応答文**　**D**

■ **訳**　　女性：今晩、夕食へどこに行きたい？
　　　　　男性：オックスフォード通りの例の新しいフレンチレストランに行くのはどうかな？

■ **語注**　□How about -ing?：～するのはどうですか？

■ **解説**　**Whereで聞かれたら、「場所」で答える。** どこで夕食を食べたいかと聞かれている
ので、**new French restaurant**（新しいフレンチレストラン）と「場所」で答えている**D**が
正解となる。

問2

■ **正解**　① When　② learn　③ computers

■ **正解の応答文**　**C**

■ **訳**　　女性：コンピューターについてはいつ覚えたの？
　　　　　男性：僕が中学のころ、父さんが使い方を教えてくれたんだよ。

■ **語注**　□learn about ～：～について覚える、知る　□junior high school：中学校

■ **解説**　**Whenで聞かれたら、「時」で答える。** コンピューターをいつ覚えたのかと聞かれて
いるのだから、**when I was in junior high school**（僕が中学のころ）と「時」で答えてい
る**C**を正解として選ぶ。

問3

■ **正解**　① Do　② what　③ said　④ schedule

■ **正解の応答文**　**A**

■ **訳**　　女性：次の試験の予定についてスミス先生が言ったことを覚えてる？
　　　　　男性：覚えてないな。たぶん、チャーリーに聞くことができるよ。

■ **語注**　□remember：～を覚えている　□exam：examination（試験）の短縮形

■ **解説**　**Do you ～?の質問は、Yes、Noで答えるのが基本。** **Do you remember ～?**（～
を覚えている?）と聞かれているのだから、**No.**で答えている**A**が正解となる。ただし、**Do
you ～?**で聞かれても、Yes、Noで答えないこともあるので注意しておこう。

問4

■ 正解　① How　② long　③ take

■ 正解の応答文　**E**

■ 訳　女性：学校に行き着くまでどのぐらい時間がかかる？
　　　男性：電車だと5分、徒歩だと20分だよ。

■ 語注　□take：(時間)がかかる　□get to：〜に行き着く

■ 解説　**〈How＋形容詞・副詞〉は程度を尋ねる表現。** どのぐらい時間がかかるか聞かれているので、**Five minutes**（5分）、**20 minutes**（20分）と「時間」で答えている **E** が正解となる。

問5

■ 正解　① wonder　② whose　③ chosen　④ best　⑤ film

■ 正解の応答文　**B**

■ 訳　女性：今年は誰の映画が最優秀作品賞に選ばれたんだろう。
　　　男性：リー監督のが選ばれたよ。賞を取るって期待されてたよね。

■ 語注　□wonder：〜だろうかと思う　□the best film：最優秀作品賞

■ 解説　**whoseで聞かれたら、「所有者」で答える。** 誰の映画がと聞かれているので、**Mr. Lee's**（リー監督の）と「所有者」で答えている **B** が正解。**I wonder** の次の疑問詞がカギとなるので、聞き逃さないこと。

今日の学習成果を、実践形式の問題で確認しよう!

エクササイズ

ここでは対話が2つあります。音声を再生して、それぞれの対話に続く応答として最も適当なものを、4つの選択肢のうちから1つずつ選びましょう。対話は2回流れます。

【解答と解説→『別冊解答集』p. 10】

問1　🎧 053

☐ ❶ You should take two tablets after each meal.
☐ ❷ You can take it to your office.
☐ ❸ You should see your doctor twice a week.
☐ ❹ I think you should do that.

問2　🎧 054

☐ ❶ I'm not sure where he is.
☐ ❷ I think he is with his clients now.
☐ ❸ He said he'd be back around 4 p.m.
☐ ❹ He came to the office at 9 a.m.

これだけは忘れんといて!

● お互いに分かっている部分は省略される。
● that節を導くthatは省略されることが多い。
● Why don't you ～?は「～してはどうですか?」と相手に提案する際の表現。
● leaveには「(仕事など) を辞める」という意味もある。
● 5Wのwho以外の最初の/h/音は発音されないことが多い。
● heardは「ヒアードゥ」ではなく「ハードゥ」と発音する。

学習ポイント → 依頼・勧誘・応諾の表現を聞き取る

「質問と応答」の組み合わせで覚えておくのがコツ!

 今日は「依頼・勧誘・応諾」の表現をマスターしていきます。どれも日常生活で必須の表現ばかりですので、「聞ける」だけでなく、「使える」ようにしておきましょう。

まずは
練習問題で腕試し。
どれだけ聞ける?
どれだけ解ける?

レッツ トライ!

ここでは対話が2つあります。音声を聞いて、それぞれの対話に続く応答として最も適当なものを、4つの選択肢のうちから1つずつ選びましょう。

【解答と解説→pp. 62～63】

問1 🎧 055

- ☐ ❶ No, I'm in a hurry.
- ☐ ❷ No, I'd be glad to.
- ☐ ❸ Yes, go ahead.
- ☐ ❹ Yes, I am.

問2 🎧 056

- ☐ ❶ Thank you for joining us.
- ☐ ❷ OK, I'm really ready.
- ☐ ❸ Sure! That sounds like fun.
- ☐ ❹ That will be about two hours long.

ココが狙われまっせ!

問1は、日本語の「はい」と「いいえ」とは逆の応答の仕方になるので注意。問2では、誘いに対する応諾の表現が問われている。日本語で「もちろん」は、英語では?

正解とスクリプト

太字部分が正解の「カギ」。次ページの解説をチェック!

問1　正解 ②　🎧 055

■スクリプト（応答文を含む）

M: Are you making copies / for tomorrow's meeting, / Sally?

W: Yes, / Bill. **Do you mind** / stapling the pages together / for me**?**

M: No, / I'd be glad to.

■語注

□make a copy：コピーを取る　□Do you mind -ing?：〜していただけませんか?　□staple：〜をホチキスで留める　□I'd be glad to.：(応諾を表して) 喜んで。　□in a hurry：急いで　□Go ahead.：(許可を表して) どうぞ。

■訳（応答文を含む）

男性：明日の会議用のコピーを取っているの、サリー?

女性：そうよ、ビル。ページをホチキスで留めてくれるかしら?

男性：いいよ、喜んで。

❶ いいよ、僕は急いでいるからね。

❷ いいよ、喜んで。

❸ だめだよ、どうぞ。

❹ だめだよ、僕はそうだよ。

問2　正解 ③　🎧 056

■スクリプト（応答文を含む）

W: Do you have any plans / for this Saturday, / Jack?

M: No, / not yet. Why?

W: **How about** / coming to the jazz concert / with Susie and me**?**

M: Sure! / That sounds like fun.

■語注

□plan：計画、予定　□Not yet.：まだです。　□How about -ing?：〜するのはどうですか?　□Sure.：いいですよ。

■訳（応答文を含む）

女性：今度の土曜日に予定はある、ジャック?

男性：いや、まだないけど。どうして?

女性：スージーと私と一緒にジャズのコンサートに来ない?

男性：もちろん!　面白そうだね。

❶ 僕たちに加わってくれてありがとう。

❷ いいよ、すっかり準備はできているよ。

❸ もちろん!　面白そうだね。

❹ それは2時間くらいの長さになるよ。

キムタツの**3S**解説

問1

Do [Would] you mind -ing?（〜していただけませんか？）に対しては、「はい」なら No.、「いいえ」なら Yes. で答える。ホチキスで留めてくれませんかと聞かれているのだから、「はい、喜んで」と答えている❷が正解。

Structure（構造） Do [Would] you mind -ing?は直訳の「〜するのは嫌ですか？」から転じて「〜していただけませんか？」という依頼の意味になる。したがって、答え方は上の解説のようになる。**I'd be glad to.**（喜んで）という応諾の表現も併せて覚えておこう。

Sense（意味） staple は「〜をホチキスで留める」という意味。ちなみに「ホチキス」は stapler。選択肢❸の Go ahead. は、何かに対する許可を表して、「どうぞ」という意味を表す。

Sound（発音） カタカナ英語の発音は正しい発音でない場合が多いので注意。copy は「コピー」でなく「カピ」に近い音になる。音声を聞いて、発音を確認しておこう。

問2

How about -ing?（〜するのはどうですか？）は勧誘の際に用いられる。ジャズのコンサートに誘われているのだから、承諾の表現である **Sure.** を使って、「面白そうだね」と答えている❸が正解となる。

Structure（構造） How about 〜?（〜はどうですか？）は提案・勧誘の表現で、「〜」の部分には、動名詞（-ing形）がくることが多い。話すときにも使えるようにしっかりと覚えておこう。

Sense（意味） Not yet. は「まだです」と一言で答えるときに便利な表現。**Do you have any plans for 〜?**（〜に予定はありますか？）は、相手の予定を聞くときによく使われる。

Sound（発音） 同じ子音はつなげて読まれる。this Saturday は this の語尾の s と Saturday の語頭の S がつながって「ディサタデイ」と発音する。音読の際にまねして読んでみよう。

🎧 057、058 | **音読に挑戦！** 音声057、058を再生して、各対話文のセリフの後のポーズ（無音）部分で英文を音読してみよう。

ディクテーションで
「英語の耳」を
鍛えよう!

///// ドリル

音声を再生して、問1〜問5の男性のセリフの空所に入る語を書き取ってみ
ましょう（1回で書き取れない場合は、聞き取れるまで繰り返し音声を聞き
ましょう）。その後で、男性のセリフに対する応答として最も適当な女性の
セリフを次ページの**Ⓐ**〜**Ⓔ**から1つずつ選びましょう。

【解答と解説→pp. 66〜67】

問1 🎧 059

M: ① (　　　　　　　) I ② (　　　　　　　) you a few
　　③ (　　　　　　　)?

問2 🎧 060

M: ① (　　　　　　　) don't you ② (　　　　　　　) us for
　　③ (　　　　　　　)?

問3 🎧 061

M: ① (　　　　　　　) do you say to ② (　　　　　　　) Paul to our
　　③ (　　　　　　　)?

問4 🎧 062

M: Is it ① (　　　　　　　　) ② (　　　　　　　　　) if
　　③ (　　　　　　　) ④ (　　　　　　　) a ⑤ (　　　　　　　　) to
　　the station?

問5 🎧 063

M: Do you ① (　　　　　　　　) to ② (　　　　　　　　) the pizza
　　③ (　　　　　　　) I make a salad?

Ⓐ W: I'd love to, but I already have other plans.
Ⓑ W: Sure. Go ahead.
Ⓒ W: Why not? Get in.
Ⓓ W: No problem. Anything to drink, too?
Ⓔ W: That's a good idea. Let me call him to see if he's OK.

Advice from キムタツ

丁寧にものを頼むときって、Could you ～?とか Would you ～?というように助動詞の過去形が使われるんです。いわば、英語の敬語みたいなもんですね。こういった人間関係をスムースにする表現を知っておくことって大事ちゃうかなと思うんですよね。

ドリル解説

どれだけ
聞き取れたかを
チェック。

問1

■ 正解　① May　② ask　③ questions

■ 正解の応答文　**Ⓑ**

■ 訳　　男性：いくつか質問をしてもいいですか？
　　　　女性：いいですよ。どうぞ。

■ 語注　□May I ～?：～してよろしいですか？　□Sure.：いいですよ。　□Go ahead.：（許可を表して）どうぞ。

■ 解説　**May I ～?は「～してよろしいですか？」と許可を求める際の表現。Can I ～?や、より丁寧なCould I ～?を使うこともできる。**質問をしてもいいですか、と聞かれているのだから、「いいですよ。どうぞ」と答えている**Ⓑ**が正解となる。

問2

■ 正解　① Why　② join　③ dinner

■ 正解の応答文　**Ⓐ**

■ 訳　　男性：僕たちと夕食に行かないかい？
　　　　女性：行きたいけど、別の予定があるの。

■ 語注　□Why don't you ～?：～しませんか？　□join：～に加わる　□plan：予定

■ 解説　**Why don't you ～?は「～しませんか？」と相手を誘うときの表現。**「夕食に行かないかい？」と男性は誘っているので、適切な応答は、**I'd love to, but I already have ～.**と行けない理由を説明している**Ⓐ**となる。

問3

■ 正解　① What　② inviting　③ party

■ 正解の応答文　**Ⓔ**

■ 訳　　男性：ポールをパーティーに誘うのはどうかな？
　　　　女性：いいアイデアだわ。大丈夫かどうか彼に電話してみるわね。

■ 語注　□What do you say to -ing?：～するのはどうですか？　□Let me ～.：私に～させてください。　□see if ～：～かどうか確かめる

■ 解説　**What do you say to -ing?は「～するのはどうですか？」という提案の表現で、How about -ing?に置き換えることができる。**友人をパーティーに誘うことを提案しているのだから、**Ⓔ**の**That's a good idea.**が適切な応答である。

問4

■ **正解**　① all　② right　③ I　④ get　⑤ ride

■ **正解の応答文**　**C**

■ **訳**　男性：駅まで車に乗せてもらってもいいですか？
　　　　女性：もちろん。乗って。

■ **語注**　□get a ride：車に乗せてもらう　□Why not?：もちろん（いいですよ）　□get in：乗る

■ **解説**　**Is it all right if I ～?は「～してもいいですか？」と依頼するときの表現。**
車に乗せてもらってもいいか、と聞かれているので、「もちろん。乗って」と答えている**C**が正解となる。

問5

■ **正解**　① want　② order　③ while

■ **正解の応答文**　**D**

■ **訳**　男性：サラダを作っている間にピザを注文してくれる？
　　　　女性：大丈夫よ。何か飲む物も頼む？

■ **語注**　□order：～を注文する　□while：～している間に

■ **解説**　**Do you want to ～?は「～してくれる？」と依頼するときの表現。**注文してくれるか、と聞かれているので、「大丈夫だよ。何か飲む物も（頼む）？」と答えている**D**が正解となる。

今日の
学習成果を、
実践形式の問題で
確認しよう!

エクササイズ

ここでは対話が2つあります。音声を聞いて、それぞれの対話に続く応答として最も適当なものを、4つの選択肢のうちから1つずつ選びましょう。対話は2回流れます。

【解答と解説→『別冊解答集』 p. 11】

問1 🎧 064

☐ ❶ Thanks for asking.
☐ ❷ I'm afraid so.
☐ ❸ OK, here you are.
☐ ❹ It's the one over there.

問2 🎧 065

☐ ❶ What's for dessert?
☐ ❷ No, thanks. I'm already full.
☐ ❸ See you. Take it easy.
☐ ❹ Yes, you do, don't you?

これだけは忘れんといて!

● **Do [Would] you mind -ing?** は直訳の「〜するのは嫌ですか?」から転じて「〜していただけませんか?」という依頼の意味になる。
● **How about 〜?**（〜はどうですか?）は提案・勧誘の表現で、「〜」の部分には、動名詞（-ing形）がくることが多い。
● **staple** は「〜をホチキスで留める」という意味。
● **Not yet.** は「まだです」と一言で答えるときに便利な表現。
● カタカナ英語の発音は正しい発音でない場合が多いので注意。
● 同じ子音はつなげて読まれる。

学習ポイント → 問い掛け・応答の表現を聞き取る

場面が変われば「問い掛け」方ももちろん変わる。

 今回は、問い掛けと応答の仕方をチェック。ところで、「間違い電話です」は、英語で何と言う？ そんな「使える」表現が今日も満載です！

まずは
練習問題で腕試し。
どれだけ聞ける?
どれだけ解ける?

レッツ トライ!

ここでは対話が2つあります。音声を聞いて、それぞれの対話に続く応答として最も適当なものを、4つの選択肢のうちから1つずつ選びましょう。

【解答と解説→pp. 70～71】

問1 🎧 066

- ☐ ❶ No, I'm afraid you can't.
- ☐ ❷ That would be nice.
- ☐ ❸ Yes, I'll call him back later.
- ☐ ❹ This is Michael Evans speaking.

問2 🎧 067

- ☐ ❶ I've been doing very well, and you?
- ☐ ❷ This is my first time, isn't it?
- ☐ ❸ Yes, I have.
- ☐ ❹ That's fine with me.

ココが狙われまっせ!

問1は、電話の「どちらさまですか?」と「私は～です」のセット。問2では、「どうしてた?」と近況を聞かれたときの応答の仕方が問われている。

太字部分が
正解の「カギ」。
次ページの
解説をチェック!

正解とスクリプト

問1　正解 ❹　🎧 066

■ スクリプト（応答文を含む）

W: Hello, / Acme Corporation. May I help you?

M: Yes. Can I speak to / Mr. Brown?

W: **May I ask who is calling**, / please?

M: This is Michael Evans speaking.

■ 語注

□May I help you?:（電話で）ご用件を伺いますが。
□Can I speak to 〜?:（電話で）〜さんをお願いします。
□May I ask who is calling (, please)?:（電話で）どなたでしょうか？　□This is 〜 speaking.:（電話で）こちらは〜です。　□call 〜 back:〜に折り返し電話する

■ 訳（応答文を含む）

女性：もしもし、アクメ・コーポレーションです。ご用件を伺いますが。

男性：ええ。ブラウンさんをお願いできますか？

女性：どちらさまでしょうか？

男性：こちらはマイケル・エバンスです。

❶ いいえ、あなたはできないと思います。　→

❷ それはいいですね。

❸ はい、後で彼に折り返しお電話します。

❹ こちらはマイケル・エバンスです。

問2　正解 ❶　🎧 067

■ スクリプト（応答文を含む）

W: Hi, / Ted! It's been a long time!

M: Oh, / Alice! It's been two years / since we met, / hasn't it?

W: Yeah. **How have you been?**

M: I've been doing very well, / and you?

■ 語注

□It's been a long time.:お久しぶりですね。　□How have you been?:どうしていましたか？　□be fine with 〜:〜にとって都合がよい、申し分ない

■ 訳（応答文を含む）

女性：あら、テッド！　久しぶりね！

男性：やあ、アリス！　この前に会ってから2年になるよね？

女性：そうね。どうしてた？

男性：元気にやっていたよ、君は？

❶ 元気にやっていたよ、君は？

❷ 今回が僕にとっては初めてだよね？　→

❸ そうだよ。

❹ 僕は構わないよ。

キムタツの**3S**解説

話さなくちゃ
身に付かない。
解説を読んだら
「音読」も
忘れずに!

問1

This is ～ speaking.は「(電話で)こちらは～です」と
いう意味。「どちらさまでしょうか?」と聞かれているのだから、こ
れに対する適切な応答は❹となる。

Structure（構造）
May I ask ～?（～を尋ねてもいいですか?）の「～」には節がくる
こともある。ここでは、**who is calling**（誰が電話をしているのか）という節がき
ていることを確認しておこう。

Sense（意味）
Can I speak to ～?、This is ～ speaking.は電話をかける際の決ま
り文句なので、丸ごと覚えておくこと。**May I help you?**は、電話で使うと「ご
用件を伺いますが」といった意味になる。

Sound（発音）
固まりごとに一気に読み上げるのがネイティブ流の発音。スクリプトの
スラッシュ (/) に気をつけながら、それぞれの意味の固まりが一息で読み上げられてい
るのを音声で確認しておこう。音読の際には、単語ごとに区切って読まないように。

問2

How have you been?は、久しぶりに会った人に「どうしていましたか?」と近
況を問う際に使われる。したがって、これに対する応答として最も適当なのは、「元気にやってい
ましたよ」と答えている❶となる。

Structure（構造）
It's been ～ years since . . .で「……から～年になる」という意味。
過去のある時点から現在までのことを言っているのだから、現在完了形が使われること
も覚えておこう。

Sense（意味）
It's been a long time.は「お久しぶりですね」という意味の決まり
文句。選択肢❹のThat's fine with me.は提案や勧誘に対して「私は構いません」
と言う際によく用いられる。

Sound（発音）
be動詞は、強く読むときと弱く読むときで発音が変わることがある。
It's beenのbeenは「ビーン」ではなく「ビン」と弱く発音されていることを音声で確
認しておこう。**How have you been?**ではbeenは「ビーン」と強く発音されている。

🎧 **068、069** **音読に挑戦!** 音声068、069を再生して、各対話文のセリフの後のポーズ（無音）部
分で英文を音読してみよう。

ドリル

ディクテーションで
「英語の耳」を
鍛えよう!

音声を再生して、問1〜問5の女性のセリフの空所に入る語を書き取ってみ
ましょう(1回で書き取れない場合は、聞き取れるまで繰り返し音声を聞き
ましょう)。その後で、女性のセリフに対する応答として最も適当な男性の
セリフを次ページの **A** 〜 **E** から1つずつ選びましょう。

【解答と解説→pp. 74〜75】

問1 🎧 070

W: Hello. ① (   ) I ② (   ) you?

問2 🎧 071

W: ① (   ). Is ② (   ) Mr. Thompson?

問3 🎧 072

W: ① (   ) you very much ② (   ) your
　③ (   ).

問4 🎧 **073**

W: ① (　　　　　　　　) do you ② (　　　　　　　　) your new place?

問5 🎧 **074**

W: ① (　　　　　　) ② (　　　　　　　　) you decide to learn Spanish?

Ⓐ M: So far so good. I have no complaints.
Ⓑ M: You're welcome. I'm glad I could help.
Ⓒ M: No. I'm afraid you have the wrong number.
Ⓓ M: Because it's widely used in the world.
Ⓔ M: No, thanks. I'm just looking.

Advice from キムタツ

あいさつ、ちゃんとできますか？ 相手の目を見て、力強くあいさつができますか？ アメリカ人ってどうしてあんなに強く握手をするんでしょうね。あれって「自分はこんなにも元気だぞ！」っていうアピールなんかなと思うときがあります。日本人って、なんか元気ちゃいますよね。元気にいこう！

ドリル解説

問1

■ 正解　① May　② help

■ 正解の応答文　**E**

■ 訳　女性：こんにちは。何かお探しですか？
　　　男性：いいえ、結構です。ちょっと見ているだけです。

■ 語注　□May I help you?：（店で）お手伝いいたしましょうか？、何かお探しですか？　□No, thanks.：いいえ、結構です。　□I'm just looking.：（店で）ちょっと見ているだけです。

■ 解説　**May I help you?は、店員が「何かお探しですか？」という意味で用いる表現**。手伝ってもらいたいなら**Yes, please.**で答える。断るときは**No, thanks.**と言ってから、**I'm just looking.**を続けるのが丁寧な言い方。したがって、正解は**E**。

問2

■ 正解　① Hello　② this

■ 正解の応答文　**C**

■ 訳　女性：もしもし。トンプソンさんですか？
　　　男性：いいえ。番号をお間違えだと思います。

■ 語注　□Is this 〜?：（電話で）〜さんですか？　□You have the wrong number.：（電話で）番号をお間違えです。

■ 解説　**Is this 〜?は電話で「〜さんですか？」と尋ねる際の表現**。とても簡単な表現だが、よく使われるので覚えておこう。「トンプソンさんですか？」と聞いているのだから、適当な応答は**C**だと分かる。

問3

■ 正解　① Thank　② for　③ help

■ 正解の応答文　**B**

■ 訳　女性：手伝っていただいて、どうもありがとうございます。
　　　男性：どういたしまして。お手伝いできてうれしいです。

■ 語注　□You're welcome.：（Thank you.に対して）どういたしまして。

■ 解説　**You're welcome.（どういたしまして）はThank youとセットで覚えておくこと**。手伝ったことに対してお礼を言われているのだから、**B**が正解になる。

問4

■ 正解　① How　② like

■ 正解の応答文　Ⓐ

■ 訳　女性：新しい家はどうですか。
男性：今のところいいですよ。特に不満はないですね。

■ 語注　□How do you like 〜?：〜はどうですか？　□so far so good：今のところいい　□have no complaints：不満がない

■ 解説　**How do you like 〜?は「〜はどうですか？」と感想を聞く表現。**応答の仕方は特に決まっているわけではないが、ここでは住み心地について感想を述べているⒶが正解となる。

問5

■ 正解　① What　② made

■ 正解の応答文　Ⓓ

■ 訳　女性：どうしてスペイン語を勉強しようと決意したんですか？
男性：世界で広く使われているからです。

■ 語注　□What made you 〜?：どうして〜したんですか？　□widely：広く

■ 解説　**What made you 〜?は直訳の「何があなたを〜させたんですか？」から転じて、「どうして〜したんですか？」と理由を尋ねるときの表現。**Because 〜.（〜だからです）と答えているⒹが正解となる。

今日の
学習成果を、
実践形式の問題で
確認しよう!

エクササイズ

ここでは対話が2つあります。音声を聞いて、それぞれの対話に続く応答と
して最も適当なものを、4つの選択肢のうちから1つずつ選びましょう。対
話は2回流れます。

【解答と解説→『別冊解答集』p. 12】

問1 🎧 075

☐ ❶ Me neither.
☐ ❷ It's me.
☐ ❸ Believe me.
☐ ❹ Me, too.

問2 🎧 076

☐ ❶ Sure. I'll talk to you then.
☐ ❷ Yes, it's 8 p.m. now.
☐ ❸ OK, I'll call him back soon.
☐ ❹ Certainly. What's that?

これだけは忘れんといて!

● **May I ask ～?**（～を尋ねてもいいですか?）の「～」には節がくることもある。
● **It's been ～ years since . . .** で「……から～年になる」という意味。
● **Can I speak to ～?**、**This is ～ speaking.** は電話をかける際の決まり文句な
　ので、丸ごと覚えておくこと。
● **It's been a long time.** は「お久しぶりですね」という意味の決まり文句。
● 固まりごとに一気に読み上げるのがネイティブ流の発音。
● **be**動詞は、強く読むときと弱く読むときで発音が変わることがある。

学習ポイント → 症状・助言の表現を聞き取る

「症状」は、haveとfeelを使って伝える。

「症状」と言うと、なんだか難しいように聞こえますが、実は簡単な言い回しで表現できます。今日は、ちょっぴり「痛い」話がたくさん登場します。

まずは
練習問題で腕試し。
どれだけ聞ける?
どれだけ解ける?

レッツ トライ!

ここでは対話が2つあります。音声を聞いて、それぞれの対話に続く応答として最も適当なものを、4つの選択肢のうちから1つずつ選びましょう。

【解答と解説→pp. 78〜79】

問1 🎧 077

☐ ❶ It seems to be the problem.
☐ ❷ It aches terribly.
☐ ❸ It started last night.
☐ ❹ It doesn't matter to me.

問2 🎧 078

☐ ❶ I'm all right. Thanks.
☐ ❷ I think you should leave early today.
☐ ❸ I'm afraid she's absent with a cold.
☐ ❹ I don't feel like it, either.

ココが狙われまっせ!

問1は、直前の女性の発言で5W1Hのどの疑問詞が使われているかに注意。 問2は、質問に対する応答ではないので、対話の場面・状況をしっかりと押さえよう。

太字部分が正解の「カギ」。次ページの解説をチェック！

正解とスクリプト

1　正解 ❸ 🎧077

■スクリプト（応答文を含む）

W: How are you feeling / today?

M: Well, / I have a terrible headache.

W: **How long** / have you had it?

M: It started / last night.

■語注

□terrible：ひどい、猛烈な　□headache：頭痛　□ache：痛む　□terribly：ひどく、とても　□It doesn't matter to me.：それは私にとって問題ではない。

■訳（応答文を含む）

女性：今日の具合はどうですか？

男性：あの、ひどい頭痛がするんです。

女性：それはどのくらい続いていますか？

男性：それは昨日の夜に始まりました。

❶ それが問題のようです。

❷ それはひどく痛みます。

❸ それは昨日の夜に始まりました。

❹ それは私にとって問題ではありません。

問2　正解 ❷ 🎧078

■スクリプト（応答文を含む）

M: What's the matter, / Liz?　You look pale.

W: Actually, / I don't feel well.　Maybe / I **caught the flu.**

M: I think / you should leave early / today.

■語注

□What's the matter?：（相手の身を心配して）どうしましたか？　□pale：（顔などが）青白い　□flu：influenza（インフルエンザ）の短縮形　□absent：欠席の、不在の　□feel like 〜：〜したい気がする　□either：（否定文の後で）〜もまた……ない

■訳（応答文を含む）

男性：どうしたんだい、リズ？　顔色が悪いよ。

女性：実は、調子が悪いのよ。たぶん、インフルエンザにかかったんだわ。

男性：今日は早く帰ったほうがいいと思うよ。

❶ 僕は大丈夫だよ。ありがとう。

❷ 今日は早く帰ったほうがいいと思うよ。

❸ 彼女は風邪で休みだと思うよ。

❹ 僕もその気にはならないんだよ。

キムタツの**3S**解説

話さなくちゃ
身に付かない。
解説を読んだら
「音読」も
忘れずに！

問1

病状や病気の期間を伝える表現をしっかりと押さえておきたい。**How long**を使って、頭痛がどのくらいの間続いているかを尋ねられているのだから、昨日の夜（**last night**）に始まったと答えている❸が正解となる。

Structure（構造）
howが単独で用いられている場合は「方法・様子」、howの後ろに形容詞や副詞がきている場合は「程度」の意味になる。女性の最初のセリフの**How**は「様子」、2番目のセリフの**How**は「程度（＝期間）」の意味で使われている。

Sense（意味）
「痛み」を表す際にはhaveを使う。**have a headache [stomachache]**（頭痛［腹痛］がする）のように表現する。**have a pain in ～**（～に痛みがある）も併せて覚えておこう。

Sound（発音）
acheは「エイク」と発音する。**headache**は、つながって「ヘデイク」となる。音声を繰り返し聞いて、発音を確認しておこう。

問2

質問に対する応答を問う問題でない場合は、場面を押さえることが重要になる。ここでは、インフルエンザにかかった女性との対話なので、「早く帰ったほうがいい」と助言している❷が正解となる。

Structure（構造）
I think (that) ～.は「～と思う」という意味で、「～」に思っている内容がくる。**I think**をつけることで、断定的なニュアンスを和らげることができる。

Sense（意味）
What's the matter?は、相手の身を心配するときに使う。同様の表現として、**What's wrong?**や、**What's the problem?**、**What happened?**も覚えておこう。風邪などの感染性の病気に「かかる」場合は、**catch**を使う。

Sound（発音）
caughtは「コートゥ」、coatは「コウトゥ」と発音する。微妙な違いだが、使い分けが重要だ。同様な類似の発音には、**bought**（「ボートゥ」）と**boat**（「ボウトゥ」）などがある。

🎧 **079、080** | **音読に挑戦！** | 音声079、080を再生して、各対話文のセリフの後のポーズ（無音）部分で英文を音読してみよう。

ドリル

ディクテーションで
「英語の耳」を
鍛えよう!

音声を再生して、問1〜問5の男性のセリフの空所に入る語を書き取ってみ
ましょう(1回で書き取れない場合は、聞き取れるまで繰り返し音声を聞き
ましょう)。その後で、男性のセリフに対する応答として最も適当な女性の
セリフを次ページの**Ａ**〜**Ｅ**から1つずつ選びましょう。

【解答と解説→pp. 82〜83】

問1 🎧081

M: So, I have to ① (　　　　　　　　) two ② (　　　　　　　) three
　 ③ (　　　　　　　) a day, right?

問2 🎧082

M: Please ① (　　　　　　　) your time ② (　　　　　　　) what
　 you'd like to ③ (　　　　　　).

問3 🎧083

M: You ① (　　　　　　　) very ② (　　　　　　　), Alice. What's
　 the ③ (　　　　　　)?

問4 🎧 084

M: ① (   ) ② (   ) you here today, and
　③ (   ) ④ (   ) the problem
　⑤ (   )?

問5 🎧 085

M: I've been ① (   ) in ② (   )
　③ (   ) a bad ④ (   ).

Ⓐ W: Thank you. I will.

Ⓑ W: That's too bad. Please take care of yourself.

Ⓒ W: Yes. And don't forget to take them after every meal, OK?

Ⓓ W: My stomach has been hurting since last week.

Ⓔ W: Well, I couldn't sleep very well last night.

//// **ドリル解説**

どれだけ
聞き取れたかを
チェック。

問1

■ **正解**　① take　② pills　③ times

■ **正解の応答文**　**C**

■ **訳**　　男性：それでは、1日に3回、2錠ずつ飲まなくてはならないんですね？
　　　　　女性：そうです。それと、毎食後に飲むことも忘れずに、いいですね？

■ **語注**　□pill：丸薬、錠剤　□～ times a day：1日に～回　□meal：食事

■ **解説**　**文尾のright?は「～ですよね？」と相手に確認するときに使う**。薬を飲む頻度を確認しているのだから、**Yes.** で答え、**after every meal**（毎食後に）と具体的に説明している**C**が適切な応答である。

問2

■ **正解**　① take　② choosing　③ eat

■ **正解の応答文**　**A**

■ **訳**　　男性：食べたい物をゆっくりと選んでください。
　　　　　女性：ありがとう。そうします。

■ **語注**　□take one's time (in) -ing：～するのにゆっくりやる

■ **解説**　**Please take your time (in) -ing.は、相手にゆっくりと何かをするように助言するときの決まり文句**。ゆっくりと選んでください、と言っているのだから、お礼を述べてから**I will.**（そうします）と答えている**A**が正解。

問3

■ **正解**　① look　② tired　③ problem

■ **正解の応答文**　**E**

■ **訳**　　男性：とても疲れているみたいだね、アリス。どうしたんだい？
　　　　　女性：あの、昨晩、あまりよく眠れなかったのよ。

■ **語注**　□What's the problem?：どうしましたか？

■ **解説**　**What's the problem?は、相手の身を心配して使う表現**。疲れている理由を、**I couldn't sleep very well**と答えている**E**が応答として適切であると分かる。

問4

■ 正解　① What　② brought　③ when　④ did　⑤ begin

■ 正解の応答文　**D**

■ 訳　男性：今日はどうされましたか？　そして、その症状はいつからですか？
　　　女性：先週からおなかが痛いんです。

■ 語注　□stomach：腹、胃　□hurt：痛む

■ 解説　**What brought you here?は直訳の「何があなたをここに連れてきましたか？」から転じて、「どうされましたか？」と症状を尋ねるときの表現。** また、それはいつから始まったのかと聞かれているので、適当な応答は**D**だとわかる。

問5

■ 正解　① sick　② bed　③ with　④ cold

■ 正解の応答文　**B**

■ 訳　男性：ひどい風邪をひいて寝込んでいました。
　　　女性：お気の毒に。お大事になさってくださいね。

■ 語注　□sick in bed：（病気で）寝込む　□That's too bad.：お気の毒に。　□take care：大事にする

■ 解説　**That's too bad.やPlease take care of yourself.は相手を気遣う表現。I've been sick in bed.**（寝込んでいた）と症状を伝える表現に対しての応答文になっているので、正解は**B**。

エクササイズ

今日の
学習成果を、
実践形式の問題で
確認しよう!

ここでは対話が2つあります。音声を聞いて、それぞれの対話に続く応答として最も適当なものを、4つの選択肢のうちから1つずつ選びましょう。対話は2回流れます。

【解答と解説→『別冊解答集』 p. 13】

問1 🎧 086

☐ ❶ The first thing to do is to check your schedule.
☐ ❷ I'm slowly getting better at chess.
☐ ❸ I think you'd better go and see a doctor.
☐ ❹ You can find some good dress shops in town.

問2 🎧 087

☐ ❶ Shall we meet there at 6 p.m.?
☐ ❷ I've been waiting in line for three hours.
☐ ❸ You can get it at any bookstore.
☐ ❹ What about asking your teacher for an extension?

これだけは忘れんといて!

● **how**が単独で用いられている場合は「方法・様子」、**how**の後ろに形容詞や副詞がきている場合は「程度」の意味になる。
● **I think (that) ～.** は「～と思う」という意味で、「～」に思っている内容がくる。
● 「痛み」を表す際には**have**を使う。
● **What's the matter?**は、相手の身を心配するときに使う。
● **ache**は「エイク」と発音する。
● **caught**は「コートゥ」、**coat**は「コウトゥ」と発音する。

コラム「Kimutatsu's Cafe」では、
4回にわたってキムタツ先生の
教え子の大学生、社会人をお迎えして、
おすすめのリスニング学習法や、
今、感じている英語の重要性について
語っていただきます。

聞き取れない箇所と理由を確認→
1〜2倍速音読でリスニング力アップ

豊元 慶太朗さん（TOYOMOTO, Keitaro）東京大学在学

　僕は今、東京大学で東アジア国際関係を勉強しています。大学入学後、英語の学術論文を読み、海外大生と議論し、留学した北京では欧米出身者と関わる機会が多くありました。英語で学ぶことにもすっかり慣れた僕ですが、リスニングの勉強を始めたころはそんな将来なんて想像できないほど苦労しました。

　リスニングの勉強を始めたのは高校2年生の冬で、最初に使ったのは偶然にも本書の前身の教材でした。当時英語が一番の得意科目だったものの、リスニングだけはいつも半分以下の点数で苦手意識も強かったです。聞き取れない箇所のスクリプトを見ても「本当にそう言ってるの？」と、文字通り自分の耳を疑っていました。

　しかし、リスニングは継続すれば必ず成長を実感できます。僕の学習法を少し紹介します。**（1）音声を聞き、聞き取れない箇所を特定。（2）スクリプトを見ながら聞き取れない箇所をチェックし、聞き取れない理由をメモ。（3）音声に合わせて1〜2倍の速度で音読。（4）2倍速の音読に慣れたら、通常の速度で音声を聞き理解できるかを確認。**

　僕は高2の冬から浪人して東大に合格するまで、2年間この方法でリスニングの勉強をしましたが、成長を実感できたのが開始から3カ月後、どんな問題でも不安が無くなったのは、1年以上たってからでした。このように、リスニングは上達までの道のりが長いです。本書で学習を始めた方々はまだスタートラインに立ったばかりでしょうから、自分が大学の講義を受け留学生との議論ができる日が来るなんて思えないかもしれません。しかし、**継続すれば必ず目標を達成でき、夢だと思ったレベルまでたどり着くことができます。**

　リスニングの勉強を始めた高2の12月、僕は母校で開かれたキムタツ先生主催の勉強会に参加しました。当時東大合格なんてばかげた目標だと思っていた僕に対し、キムタツ先生は「厳しい成績やな」と苦笑いしつつも、以降沖縄に来た際はいつも僕を鼓舞してくれました。あれから6年、僕は今、東大生として本書のコラムを書いています。高校生の皆さんも、大変でも途中で投げ出さず継続して学習し、数年後には夢にすら描けなかった自分になれると信じて、頑張ってください。

Chapter
3

Q&A 選択問題対策

Chapter 3 では、Day 9 〜 Day 11
の3日間にわたって、Q&A 選択問題
への対応力をつけていきます。対話の
平均語数は、これまでの Chapter で
扱った問題の倍の 50 語程度と長くな
ります。5W1H の正確な聞き取りに
加え、対話の場面や、人物の行動を類
推する力を養っていきましょう。

・対話の往復数＝ ABAB（2 往復）
　または ABABA（2 往復半）
・対話の平均語数＝ 50 語程度

詳しくは、次のページの
「Q&A 選択問題の傾向と攻略法」
をチェック！

Q&A 選択問題の傾向と攻略法

まずは、このタイプの問題の出題形式と傾向、そして攻略法を確認しておきましょう。

■ 出題形式

●問題形式：短い対話を聞き、対話文に関する設問に合った答えを選択肢から1つ選ぶ。

■ 出題傾向

●対話の往復はABAB（2往復）またはABABA（2往復半）、平均語数は50語程度。

●対話の内容は、買い物、交通手段など、日常生活に関係するものならどのようなものでも出題される可能性がある。

■ 攻略法

●あらかじめ設問と選択肢にざっと目を通しておき、対話の内容を予想する。1つの対話文につき設問は1つなので、設問の内容に関する部分に特に注意して聞く必要がある。

●対話の場面を問う問題が出題される可能性が高いので、場面や状況に特有の語句や表現を身に付けておく。

●人物の次の行動を問う問題が出題される可能性が高いので、行動に関する話者の発言を注意して聞き取る。

●「いつ（when）」「なぜ（why）」などの5W1H（疑問詞）も聞き落とさないようにする。

学習ポイント→5W1Hを聞き取る②

> 最初に設問を読んで、問われている5W1Hを確認する。

 Chapter 3で取り組む問題は、設問と選択肢から成る「Q&A」形式です。対話文を聞く前に、設問と選択肢にざっと目を通して、対話の内容を予想しておくようにしましょう。

まずは
練習問題で腕試し。
どれだけ聞ける?
どれだけ解ける?

レッツ トライ!

ここでは対話が2つあり、それぞれの対話につき問いが1つずつあります。音声を聞いて、答えとして最も適当なものを、4つの選択肢のうちから1つずつ選びましょう。

【解答と解説→pp. 90〜91】

問1 🎧 088

How did she travel?

- ☐ ❶ By train.
- ☐ ❷ By airplane.
- ☐ ❸ By bus.
- ☐ ❹ By car.

問2 🎧 089

Why can't Sarah go with Mike to the coffee shop?

- ☐ ❶ She has to wait at the table.
- ☐ ❷ There are long lines at the coffee shop.
- ☐ ❸ She has to go to the post office.
- ☐ ❹ She has too much work to do.

ココが狙われまっせ!

設問と選択肢にざっと目を通し、何が問われているかをすぐに理解できるようにしよう。
問1は、設問のHowと選択肢のByから「交通手段」を、問2では、Whyから「理由」が問われていることが分かる。

正解とスクリプト

太字部分が
正解の「カギ」。
次ページの
解説をチェック！

問1　正解 ❹ 🎧 088

■スクリプト

M: Hi, / Kate! / How was your winter vacation? Did you go anywhere?

W: It was really nice, / Steve. I visited my parents / in my old hometown.

M: That sounds fun. How long was your visit?

W: It was too short. I was only away / for a week, / and **driving there and back** / took two whole days!

■語注

□visit：(人) を訪問する、訪問　□hometown：故郷
□away：(出掛けて) 不在で　□whole：(時間・距離などが) 丸〜　□travel：旅行する

■訳

男性：やあケイト、冬休みはどうだったかい？　どこかに行ったの？

女性：とってもよかったわ、スティーブ。故郷の両親を訪ねたの。

男性：楽しそうだね。どのくらい行ってたの？

女性：とても短かったのよ。1週間だけ出掛けていたんだけど、そこまで車で行って戻ってくるのに丸2　→
日かかったわ！

彼女はどうやって旅行しましたか？

❶電車で
❷飛行機で
❸バスで
❹車で

問2　正解 ❸ 🎧 089

■スクリプト

M: Do you want to get some coffee, / Sarah?

W: I'd like to, / Mike. But **I have to pick up a package / first.** I received a notice / that a package has been delivered.

M: OK. I'll get a table / for us / at the coffee shop / and meet you / there.

W: That sounds good. If there are no lines, / I should be done / in 10 minutes.

M: Take your time. I'm / in no rush.

■語注

□pick up 〜：〜を取ってくる　□package：小包
□notice：通知 (書)　□line：(順番などを待つ人の) 行列
□done：済んで　□Take your time.：(急がないので) ゆっくりやってください。　□in a rush：急いで

■訳

男性：コーヒーが欲しいかい、サラ？

女性：欲しいわ、マイク。でも、最初に荷物を取ってこなくちゃならないのよ。荷物が配達されたという連絡票を受け取ったの。

男性：いいよ。コーヒーショップでテーブルを取っておくから、そこで会おう。

女性：それはいいわね。並んでなかったら、10分で済むはずよ。

男性：ゆっくりでいいよ。僕は急いでいないからね。

なぜサラはマイクと一緒にコーヒーショップに行けないのですか？

❶彼女はテーブルで待っていなくてはならないから。
❷コーヒーショップには長い列ができているから。
❸彼女は郵便局に行かなくてはならないから。
❹彼女にはしなくてはならない仕事がたくさんあるから。

話さなくちゃ
身に付かない。
解説を読んだら
「音読」も
忘れずに！

キムタツの **3S解説**

問1

設問は**How**で始まっているので、「**方法・手段**」を問う問題だと分かる。旅行の交通手段として、女性は **driving there and back**と言っているので、正解は **④**になる。

Structure（構造）　動名詞が導く句が主語になることがある。**driving there and back took two whole days!**では、**driving there and back**（そこまで車で行って戻ってくること）が主語になっていることを確認しておこう。

Sense（意味）　**How was 〜?**は過去の出来事について感想を尋ねる際の表現。**That sounds fun.**は「楽しそうだね／面白そうだね」という意味。**That sounds 〜.**はこのほかにも、**That sounds good.**（よさそうだね）のようにも用いられる。

Sound（発音）　疑問詞で始まる疑問文の文尾は、下がり調子になるのが普通。**how was 〜?**、**How long was 〜?**のところに注意して音声を聞いてみよう。**how was your**の部分は「ハウワジュア」のようにつなげて発音する。

問2

設問は**Why**で始まっているので、「**理由**」を問う問題である。サラがコーヒーショップに行けない理由は、**I have to pick up a package first. I received a notice that a package has been delivered.**と説明されている。したがって、これを言い換えた **③**が正解となる。

Structure（構造）　「時」や「場所」を表す副詞（句）は、文末にくることが多い。**pick up a package first**（最初に荷物を取ってくる）、**meet you there**（そこで君に会う）の**first**と**there**の位置を確認しておこう。

Sense（意味）　**pick up 〜**には「〜を拾い上げる」のほかにも、「〜を取ってくる」という意味がある。**Take your time.**は、相手を落ち着かせる際の決まり文句。会話問題では頻出表現なので、しっかりと押さえておきたい。

Sound（発音）　**want to**はつなげて発音されることが多い。「ウォントゥトゥ」と読まれることはほとんどない。男性の最初のセリフにある**Do you want to**の部分を音声で確認しておこう。

🎧 **090、091**　**音読に挑戦！**　音声090、091を再生して、各対話文のセリフの後のポーズ（無音）部分で英文を音読しよう。意味の切れ目を表すスラッシュ（/）に注意！

ドリル

ディクテーションで「英語の耳」を鍛えよう!

音声を再生して、問1～問3の空所に入る語や数字を書き取ってみましょう(1回で書き取れない場合は、聞き取れるまで繰り返し音声を聞きましょう)。その後で、それぞれの下にある設問に答えましょう。

【解答と解説→pp. 94～95】

問1 🎧092

M: ① (　　　　　　　　　) do you think we should ② (　　　　　　　) for the concert tomorrow?

W: ③ (　　　　　　　　　) time does it start?

M: At ④ (　　　　　　　) p.m. ⑤ (　　　　　　　　　) about meeting just in front of the entrance to the hall?

W: Will there be time for me to do some ⑥ (　　　　　　　) in Harajuku before that?

M: ⑦ (　　　　　　　　). Let's meet at Harajuku Station at, say, ⑧ (　　　　　　　) p.m.?

男性と女性の明日の予定として正しいのはどれですか?

Ⓐ 4時からのコンサートに行った後、6時から買い物に行く。

Ⓑ 4時から買い物をした後、6時からコンサートに行く。

Ⓒ 4時からの買い物の予定をやめて、6時にコンサートの待ち合わせをする。

問2 🎧093

M: Guess ① (　　　　　　　　　). I didn't even have ② (　　　　　　　　).

W: Really? ③ (　　　　　　　) come?

M: I had completely ④ (　　　　　　　) about the ⑤ (　　　　　　　) Mr. Brown had given us.

W: By ⑥ (　　　　　　　) do you need to have it finished?

M: I need to ⑦ (　　　　　　　) it by ⑧ (　　　　　　　　) p.m.

男性の状況として正しいのはどれですか。

Ⓐ 昼食の準備をしなければならない。

Ⓑ ブラウン先生の手伝いをしないとならない。

Ⓒ 課題を終わらせなければならない。

問3 🎧 094

M: I'm thinking of ① (　　　　　　　　　) a party for Lucas.

W: ② (　　　　　　　) for and ③ (　　　　　　　　　)?

M: He will ④ (　　　　　　　) schools. I guess next
⑤ (　　　　　　　) will be ⑥ (　　　　　　) for him.

W: I see. We'll miss him. ⑦ (　　　　　　　　) else will be at the
party?

M: I'm going to ask some of our ⑧ (　　　　　　　　) to come.

パーティーは何のために開かれますか。

Ⓐ 転校する同級生のため。

Ⓑ 同窓会のため。

Ⓒ 学校が廃校になるため。

Advice from キムタツ

将来どれぐらいの人が英語を使ってビジネスの世界に飛び出すんだろう？　ビジネスの世界では特に5W1Hが基本になるんですね。どの国であってもそうです。大学入試対策の問題集っていっても、ちゃんと皆さんの将来まで見据えて作ってるつもりなんですね。ホントに頑張ってほしいなぁ。

どれだけ
聞き取れたかを
チェック。

ドリル解説

問1

■**正解**　① Where　② meet　③ What　④ 6　⑤ How
　　　　⑥ shopping　⑦ Sure　⑧ 4

■**正解の選択肢**　**B**

■**訳**　男性：明日のコンサートだけど、どこで会うのがいいと思う？
　　　女性：何時に始まるの？
　　　男性：6時だよ。ホールの入り口の正面で会うのはどう？
　　　女性：その前に、原宿でちょっとお買い物をする時間はあるかしら？
　　　男性：いいよ。原宿駅で会おうよ、そうだね、4時とかはどう？

■**語注**　□How about -ing?：〜するのはどうですか？　□in front of 〜：〜の前で　□entrance to 〜：〜の入り口
　　　□Sure.：いいですよ。　□say：（間投詞的に）例えば、ほら

■**解説**　**それぞれの時間と予定を聞き落とさないように注意。**ここではまず、**6 p.m.**にコンサートが始まることが話題になった後で、買い物をするため**4 p.m.**に会うことが約束されている。実際の試験では、この問題のように時間が前後して登場することもあるので、情報を整理しながら聞き進められるようにしておこう。

問2

■**正解**　① what　② lunch　③ How　④ forgotten　⑤ assignment
　　　　⑥ when　⑦ finish　⑧ 5

■**正解の選択肢**　**C**

■**訳**　男性：聞いてよ。今日昼ごはんさえも食べてないんだ。
　　　女性：本当に？　どうして？
　　　男性：ブラウン先生に出された課題を完全に忘れてたんだよね。
　　　女性：いつまでに終わらせないといけないの？
　　　男性：5時までに終わらせないといけないんだ。

■**語注**　□Guess what.：聞いてよ。　□How come?：どうして？　□completely：完全に　□assignment：課題

■**解説**　**How come?は「どうして？」と理由を尋ねる表現。**自分が想定していた事と違って驚いているニュアンスが含まれる。ここでは、昼食を食べていない理由について、**How come?**（どうして？）と尋ねられ、課題を完全に忘れていたと答えている。また、**By when do you need to have it finished?**（いつまでに終わらせないといけないの？）に対して、5時までに、と答えていることからも、正解は**C**となる。

問3

■ 正解　① throwing　② What　③ when　④ change　⑤ Saturday
　　　　⑥ good　⑦ Who　⑧ classmates

■ 正解の選択肢　Ⓐ

■ 訳　男性：ルーカスのためにパーティーを開こうと思ってるんだ。
　　　女性：何のために？　いつ？
　　　男性：転校するんだ。次の土曜日がルーカスにとって都合がいいと思うんだよね。
　　　女性：そうなんだ。寂しくなるね。そのほかには誰がパーティーに来るの？
　　　男性：同級生何人かに、来られるか聞いてみるつもりだよ。

■ 語注　□throw：～を開く　□change schools：転校する　□good：都合がいい　□miss：～がいないのを寂しく思う
　　　　□else：そのほかに

■ 解説　**What for?** は、「何のために？」と目的を尋ねる表現。**What are you throwing a party for?**（何のためにパーティーを開くの？）を省略した形と考えるとよい。ここでは、ルーカスのためにパーティーを開こうと思っている、という発言に対して**What for?**（何のために？）と質問があり、**He will change schools.**（転校するんだ）と言っていることから、正解は**Ⓐ**となる。

今日の
学習成果を、
実践形式の問題で
確認しよう!

／／　エクササイズ

ここでは対話が2つあり、それぞれの対話につき問いが1つずつあります。
音声を聞いて、答えとして最も適当なものを、4つの選択肢のうちから1つ
ずつ選びましょう。対話は2回流れます。

【解答と解説→『別冊解答集』p. 16】

問1　🎧 095

What are they going to do for dinner?

- ❶ Buy groceries and make a meal.
- ❷ Go to their friend's house.
- ❸ Go to a restaurant.
- ❹ Buy food that has already been prepared.

問2　🎧 096

What is Lucy's concern?

- ❶ She is suffering from a bad cold.
- ❷ She can't solve the math problem.
- ❸ She has to take an important examination.
- ❹ She has a stomachache.

／／　これだけは忘れんといて!

- ● 動名詞が導く句が主語になることがある。
- ● 「時」や「場所」を表す副詞（句）は、文末にくることが多い。
- ● **How was ～?** は過去の出来事について感想を尋ねる際の表現。
- ● **pick up ～** には「～を拾い上げる」のほかにも、「～を取ってくる」という
　意味がある。
- ● 疑問詞で始まる疑問文の文尾は、下がり調子になるのが普通。
- ● **want to** はつなげて発音されることが多い。

学習ポイント → 場面を推測する

場面特有の慣用表現に加え、話者間の関係も押さえる。

 リスニング問題では、対話の場面を「見る」ことはできません。でも、場面が「見える」ようにするテクニックがあります。キーワードは「場面特有の慣用表現」です。

まずは
練習問題で腕試し。
どれだけ聞ける?
どれだけ解ける?

レッツ トライ！

ここでは対話が2つあり、それぞれの対話につき問いが1つずつあります。音声を聞いて、答えとして最も適当なものを、4つの選択肢のうちから1つずつ選びましょう。

【解答と解説→pp. 98〜99】

問1 🎧 097

Where is this conversation probably taking place?

- ☐ ❶ In an office.
- ☐ ❷ In an electrical store.
- ☐ ❸ In a taxi.
- ☐ ❹ In a car.

問2 🎧 098

Where are they talking?

- ☐ ❶ At a baseball game.
- ☐ ❷ At a cheese factory.
- ☐ ❸ At the beach.
- ☐ ❹ At a photographer's studio.

ココが狙われまっせ！

問1、問2とも、まずは話者間の関係を押さえよう。問1では、男性の最初のセリフから、選択肢の2つはすぐに消せるはず。問2は、男性の2番目のセリフに答えが隠されている。

太字部分が
正解の「カギ」。
次ページの
解説をチェック!

正解とスクリプト

問1　正解 ❹ 🎧 097

■スクリプト

M: Come on! **The light is green.**
W: Oh, / I was just thinking about / all the things / I have to do / at work.
M: I know / you have a lot on your mind, / but you should pay attention / to the road / when you're driving.
W: Yes, / I'm pretty tired, / too.　Maybe / **we should have taken a taxi.**

■語注

□Come on.：早く。(せき立てるときの表現)　□light：信号灯　□have ~ on one's mind：~を気にしている、気にかけている　□pay attention to ~：~に注意する　□pretty：かなり　□should have＋過去分詞：~すべきだった

■訳

男性：早く！　信号は青だよ。
女性：あら、仕事でしなくちゃならないことばかり考えていたのよ。
男性：君がたくさんのことを気にしているのは分かるけど、運転しているときは道路に注意を払うべきだよ。
女性：そうね、私、とても疲れてもいるんだわ。タクシーに乗るべきだったかもね。　➡

この会話はどこで行われているでしょうか?

❶ 職場で。
❷ 電器店で。
❸ タクシーで。
❹ 車で。

問2　正解 ❶ 🎧 098

■スクリプト

M: Excuse me.　Would you mind / taking our picture, / please?
W: Sure, / I can do that.　What would you like / in the **background**?
M: Try to get / as much of the field / as possible, / and snap the photo / **just as the pitcher throws the ball.**
W: I'll do my best, / but I'm not the greatest photographer.　OK, / say cheese.

■語注

□Would you mind -ing?：~していただけませんか？　□background：背景　□field：(野球の)球場　□snap：(写真)を撮る　□as：~する時に　□do one's best：最善を尽くす

■訳

男性：すみません。写真を撮っていただけないでしょうか？
女性：いいですよ、撮りましょう。背景に何を入れたいですか？
男性：できるだけ多く、球場を入れてください。それと、ピッチャーがボールを投げる時に写真を撮ってください。
女性：頑張ってみますが、私は偉大な写真家でないですよ。それでは、はい「チーズ」。　➡

彼らはどこで話していますか?

❶ 野球の試合で。
❷ チーズ工場で。
❸ 海岸で。
❹ 写真家のスタジオで。

キムタツの**3S**解説

問1

設問の**Where is this conversation probably taking place?**を見た時点で、「場面の推測」問題と考える。まず、男性の最初のセリフの**The light is green.**から❸か❹に絞られる。内容から女性がタクシーの運転手とは考えられないので、正解は❹となる。

Structure（構造）　「should have＋過去分詞」は「〜すべきだった」という意味で、「実際にはしなかった」ことについて使われる。ここでは、**should have taken a taxi**の形で「タクシーに乗るべきだった（がそうしなかった）」ことが表されている。

Sense（意味）　**pretty**は「かなり」という意味の副詞としてもよく使われる。**have ~ on one's mind**（〜を気にしている、気にかけている）、**pay attention to ~**（〜に注意する）もマスターしておこう。

Sound（発音）　「〜しなければならない」の**have to**の発音は「ハフトゥ」または「ハフタ」になる。「ハヴトゥ」と読まないように注意しよう。**pretty**は**r**音が消えて「プエティ」または「プーティ」のように発音することも多い。

問2

設問の**Where are they talking?**を見た時点で、「場面の推測」問題と考える。写真の背景（**background**）に、ピッチャーが投げる瞬間を入れてほしいと頼んでいるのだから、正解は❶となる。

Structure（構造）　「時」を表す接続詞の**as**（〜する時に）は、2つの出来事がほぼ同時に起きることを表す。ここでは、ピッチャーが投げると「同時に」写真を撮ることを表している。

Sense（意味）　**Would you mind -ing?**（〜していただけませんか？）に応じる場合は、**Sure.**や**Certainly.**を使う。断る場合は、**I'm sorry, but I can't.**などと言う。**I'll do my best.**は「最善を尽くします。、頑張ります。」を表す頻出表現。

Sound（発音）　**Would you**は「ウジュ」のように発音される。また、女性の最初の発言にある**Sure**が「ショー」のように発音されていることを確認しよう。最後の**r**音をほとんど発音しないことがある。

🎧 099、100　**音読に挑戦！**　音声099、100を再生して、各対話文のセリフの後のポーズ（無音）部分で英文を音読してみよう。

ディクテーションで
「英語の耳」を
鍛えよう！

ドリル

音声を再生して、問1〜問4の空所に入る語を書き取ってみましょう（1回で書き取れない場合は、聞き取れるまで繰り返し音声を聞きましょう）。その後で、それぞれの下にある設問に答えましょう。

【解答と解説→pp. 102〜103】

問1 🎧 101

W: Hello. ① (　　　　　　　　　) I help you, sir?
M: Yes. I'd like to have these ② (　　　　　　)
　　③ (　　　　　　) by tomorrow ④ (　　　　　　).
W: I'm sorry, but the ⑤ (　　　　　　) we can have them
　　⑥ (　　　　　) is 3 p.m. tomorrow ⑦ (　　　　　　).

この対話がされている場所は？
Ⓐ 洋服店　Ⓑ クリーニング店　Ⓒ チケット店

問2 🎧 102

M: Hi, Ms. White! Nice to ① (　　　　　) you again. How was
　　your ② (　　　　　)?
W: Great. I ③ (　　　　　) it very much. But I'm a little bit
　　④ (　　　　　) now.
M: Could you ⑤ (　　　　　) here for a few ⑥ (　　　　　)?
　　I'll bring my ⑦ (　　　　　) around.

この対話がされている場所は？
Ⓐ 空港　Ⓑ 港　Ⓒ バスターミナル

問3 🎧103

W: Good evening. How ① (　　　　　　　　　　)?
M: We are ② (　　　　　　　　). Can we have ③ (　　　　　　)
　　together?
W: I am so ④ (　　　　　　　　), but there is no ⑤ (　　　　　　　　)
　　⑥ (　　　　　　　　) now. We will have to ask you to
　　⑦ (　　　　　　　).

この対話がされている場所は？
Ⓐ 花屋　**Ⓑ** レストラン　**Ⓒ** デパート

問4 🎧104

M: I'd like to ① (　　　　　　　) this ② (　　　　　　　　) to Finland,
　　please.
W: All right. ③ (　　　　　　　) would you like to
　　④ (　　　　　) it?
M: By ⑤ (　　　　　　). Oh, can you add a ⑥ (　　　　　　　)
　　⑦ (　　　　　　　)?

この対話がされている場所は？
Ⓐ 博物館　**Ⓑ** 本屋　**Ⓒ** 郵便局

ドリル解説

問1

■ 正解　① May　② shirts　③ cleaned　④ morning　⑤ earliest
　　　　⑥ ready　⑦ afternoon

■ 正解の選択肢　**B**

■ 訳　女性：こんにちは。いらっしゃいませ。
　　　男性：はい。このシャツを明日の朝までにクリーニングしてもらいたいんですが。
　　　女性：申し訳ありませんが、当店で最も早くご用意できるのは、明日の午後3時です。

■ 語注　□May I help you?：(店で) いらっしゃいませ、何かお探しですか？　□have ～＋過去分詞：～を……してもらう

■ 解説　**場面特有の語句や表現を聞き取れるようにしたい。**ここでは、**shirts**という語から**A**か**B**に絞られるが、**cleaned**がその直後に出てくるので、正解は**B**となる。「**have ～＋過去分詞**」は「～を……してもらう」という意味で、この対話では**have these shirts cleaned**（このシャツをクリーニングしてもらう）という形で使われている。

問2

■ 正解　① see　② flight　③ enjoyed　④ tired　⑤ wait　⑥ minutes　⑦ car

■ 正解の選択肢　**A**

■ 訳　男性：こんにちは、ホワイトさん！　またお会いできてうれしいです。空の旅はどうでしたか？
　　　女性：素晴らしかったです。とても楽しかったですよ。でも、今はちょっと疲れていますね。
　　　男性：ここで数分お待ちいただけますか？　車を回してきますので。

■ 語注　□flight：フライト、飛行機旅行　□a little bit：ちょっと、少し　□bring ～ around：～を持ってくる、(車など) を回す

■ 解説　**How was your flight?（空の旅はどうでしたか？）は、空港で人を出迎えたときによく使われる表現。**したがって、正解は**A**となる。**bring ～ around**は「(車など) を回す」という意味で、今いる場所へ駐車場から車を運んでくる場合に使う。

問3

■正解　① many　② 10　③ seats　④ sorry　⑤ table　⑥ available　⑦ wait

■正解の選択肢　**B**

■訳　女性：いらっしゃいませ。何名さまですか？
　　　男性：10人です。一緒に座ることはできますか？
　　　女性：申し訳ありません、今空きテーブルがないんです。お待ちいただかなければなりませんが。

■語注　□How many?：何名様ですか？　□have seats：座る　□available：利用できる

■解説　**How many?は、飲食店の接客でよく使われる表現。have seats together**（一緒に座る）や**no table available**（空きテーブルがない）という語句からも、正解は**B**となる。

問4

■正解　① send　② document　③ How　④ ship　⑤ air　⑥ tracking　⑦ number

■正解の選択肢　**C**

■訳　男性：この書類をフィンランドに送りたいんですが。
　　　女性：かしこまりました。どのような方法で発送されますか？
　　　男性：航空便でお願いします。あ、追跡番号を付けてもらえますか？

■語注　□document：書類　□ship：発送する　□by air：航空便で　□tracking number：追跡番号

■解説　**By airは「航空便で」と言うときの決まり文句。**「～を送る」は**send**や**ship**で表されている。また、**tracking number**（追跡番号）という語句が使われていることからも、正解は**C**。「船便で」と言うときは**by sea**で表現できる。

エクササイズ

ここでは対話が2つあり、それぞれの対話につき問いが1つずつあります。
音声を聞いて、答えとして最も適当なものを、4つの選択肢のうちから1つ
ずつ選びましょう。対話は2回流れます。

【解答と解説→『別冊解答集』p. 17】

問1 🎧 105

Where is this conversation probably taking place?

- ☐ ❶ In a coffee shop.
- ☐ ❷ In a taxi.
- ☐ ❸ In an elevator.
- ☐ ❹ In a meeting room.

問2 🎧 106

Where are they talking?

- ☐ ❶ In a hospital.
- ☐ ❷ In a hotel.
- ☐ ❸ In a beauty shop.
- ☐ ❹ In an apartment.

これだけは忘れんといて！

- 「**should have**＋過去分詞」は「〜すべきだった」という意味で、「実際にはしなかった」ことについて使われる。
- 「時」を表す接続詞の**as**（〜する時に）は、2つの出来事がほぼ同時に起きることを表す。
- **pretty**は「かなり」という意味の副詞としてもよく使われる。
- **Would you mind -ing?**（〜していただけませんか？）に応じる場合は、**Sure.** や**Certainly.** を使う。
- 「〜しなければならない」の**have to**の発音は「ハフトゥ」または「ハフタ」になる。
- **Would you**の発音は「ウジュ」になる。

学習ポイント → 人物の行動を聞き取る

応諾の表現、逆接の接続詞but以下に注意!

 人物の行動を問う問題では、話者両方またはそのどちらか
の「次の」行動が問われます。提案や勧誘に対する応答に
注意して、まずは下の問題に挑戦してみましょう。

まずは
練習問題で腕試し。
どれだけ聞ける?
どれだけ解ける?

レッツ トライ!

ここでは対話が2つあり、それぞれの対話につき問いが1つずつあります。音声を聞いて、答えとして最も適当なものを、4つの選択肢のうちから1つずつ選びましょう。

【解答と解説→pp. 106〜107】

問1 🎧 107

What are they probably going to do next?

- ☐ **❶** Eat pasta.
- ☐ **❷** Go to the countryside.
- ☐ **❸** Go to a new part of town.
- ☐ **❹** Talk about where to eat.

問2 🎧 108

What is Sam most likely going to do?

- ☐ **❶** Buy a drink.
- ☐ **❷** Buy movie tickets.
- ☐ **❸** Go back to his office.
- ☐ **❹** Go home.

ココが狙われまっせ!

問1では、男性の提案の表現に対して、女性が何と答えているかに注意しよう。問2は、場面を正確に聞き取ること。何かが始まるまで時間があるので、男性は何をしようとしているかがポイント。

正解とスクリプト

太字部分が
正解の「カギ」。
次ページの
解説をチェック!

問1　正解 ❸ 🎧 107

■スクリプト

W: Let's go to lunch. Where do you feel like eating?

M: I've been to all the restaurants / around here, / so **let's drive** / **to a different part of the city.**

W: Anything is fine with me. You must eat out often / because there is so much to choose from / in this neighborhood — pasta, sandwiches, fast food. . .

M: Well, / I've lived here / for almost five years.

■語注

□feel like -ing：〜したい気がする　□be fine with 〜：〜にとって都合がよい、申し分ない　□eat out：外食する　□neighborhood：近所

■訳

女性：お昼に行きましょうよ。あなたはどこで食べたい?

男性：この辺りのレストランにはすべて行ったから、街の別の場所に車で行こうよ。

女性：私は何でもいいわよ。この近所には選べる物がとてもたくさんあるから、あなたはきっとよく外食しているのね──パスタとかサンドイッチとかファストフードとか……。

男性：うん、僕はここに5年近く住んでいるからね。

彼らは次に何をするでしょうか?

❶ パスタを食べる。
❷ 田舎へ行く。
❸ 街の行ったことのない場所へ行く。
❹ どこで食べるか相談する。

問2　正解 ❶ 🎧 108

■スクリプト

W: I'm sorry / I'm late, / Sam.

M: No problem, / Jane. I bought the tickets / already. Were you busy / at work?

W: Yes, I had too much to do. But I don't think / we've missed / any of the movie. There are usually trailers / before it actually starts.

M: Good. / That means / **I still have time / to buy a drink.**

■語注

□No problem.：(謝罪に対して) いいですよ、構いませんよ。　□miss：(映画など) を見逃す　□trailer：予告編

■訳

女性：遅くなってごめんなさい、サム。

男性：いいよ、ジェイン。チケットはもう買っておいたよ。仕事で忙しかったの?

女性：そうなの、やることがとてもたくさんあってね。でも、映画はどこも見逃していないと思うけど。実際に始まる前に、普通は予告編があるでしょ。

男性：そうか、それならまだ飲み物を買う時間があるってことだね。

サムは何をすると思われますか?

❶ 飲み物を買う。
❷ 映画のチケットを買う。
❸ 職場に戻る。
❹ 家に帰る。

キムタツの3S解説

話さなくちゃ
身に付かない。
解説を読んだら
「音読」も
忘れずに！

問1

設問のWhat are they probably going to do next?を見たら、2人の次の行動を問う問題と考える。**let's drive to a different part of the city**という男性の提案に女性は同意しているので、正解は❸となる。選択肢❸の**new**は、ここでは「未知の」といった意味。

Structure（構造）　長いセンテンスは接続詞の前で意味を区切る。**I've been to ～, so let's . . .**（～へは行った、だから……しましょう）と、**You must ～ because there is . . .**（～に違いない、なぜなら……があるから）はそれぞれ**so**と**because**の前で区切って意味をとらえるようにしよう。

Sense（意味）　**Anything is fine with me.**は「あなたにお任せする」といったニュアンス。**That's fine with me.**なら「それで私は結構です」と相手の提案などに賛成する表現になる。**eat out**は「外食する」。「自宅で食べる」なら**eat in**となる。

Sound（発音）　**go**は「ゴウ」、**so**は「ソウ」と、「オウ」をしっかり発音したい。**go**は日本語では「ゴー」と書く場合が多いので、間違った発音をする場合が多い。**No**も正しくは「ノウ」。普段から意識的に正しい発音をするように心がけよう。

問2

設問のWhat is ～ most likely going to do?を見たら、ある人物の次の行動を問う問題と考える。映画が始まるまでに時間があるので、「飲み物を買う時間がある」と男性は言っていることから、正解は❶となる。

Structure（構造）　**that**は前に出た文や文の一部を指すことがある。男性の最後のセリフにある**that means**の**that**は、ここでは「映画が始まる前に予告編がある」ということを指している。日本語に訳すと「そうすると、それなら」というニュアンスになる。

Sense（意味）　**I'm sorry ～.**でおわびをされたら、**No problem.**で許してあげる。**miss**には、ここでの「～を見逃す」のほかにも、「～に乗り遅れる、～を間違える、～がいないのを寂しく思う」という意味もあるので覚えておこう。

Sound（発音）　**f**と**v**の発音は、軽く下唇をかむ感じで発音する。これは意識的に訓練しないと、いつになっても身に付かない。今回の対話に出てくる**we've**、**movie**、**before**、**have**に注意して音読しておこう。

🎧 109、110　**音読に挑戦！**　音声109、110を再生して、各対話文のセリフの後のポーズ（無音）部分で英文を音読してみよう。

ドリル

ディクテーションで
「英語の耳」を
鍛えよう!

音声を再生して、問1～問4の空所に入る語を書き取ってみましょう（1回で書き取れない場合は、聞き取れるまで繰り返し音声を聞きましょう）。その後で、それぞれの下にある設問に答えましょう。

【解答と解説→pp. 110～111】

問1 🎧111

M: Can you ① (　　　　　　　　　　) me with my math
　② (　　　　　　　　) after school, Emily?
W: You know I'm no ③ (　　　　　　　　) at it, don't you? And I have
　to go to ④ (　　　　　　) practice soon. ⑤ (　　　　　　　　)
　don't you ⑥ (　　　　　　) George?
M: OK, I ⑦ (　　　　　　　　).

男性は次に何をする？
Ⓐバスケットボールの部活動に行く。　Ⓑ女性に数学の宿題を手伝ってもらう。　Ⓒジョージに数学の宿題を手伝ってもらう。

問2 🎧112

W: Did you ① (　　　　　　　　) that Dr. Frazer's history
　② (　　　　　　　) was ③ (　　　　　　　　) today, Nick?
M: Oh, was it? That's a relief! I ④ (　　　　　　) to do my
　⑤ (　　　　　　　　) for his class. Let's go to the school
　⑥ (　　　　　　), then.
W: I'd like to, Nick, but I have to do some ⑦ (　　　　　　　　) for
　another ⑧ (　　　　　　).

女性は次に何をする？
Ⓐ別の授業の予習をする。　Ⓑカフェテリアで休憩する。　Ⓒ歴史の授業に出る。

問3 🎧113

M: Hello. One ticket for the special ① (   ), please.

W: I'm sorry, ② (   ) it's ③ (   ) on
   Mondays. How ④ (   ) a guided ⑤ (   )
   of modern art? The next one starts ⑥ (   ) 20
   minutes.

M: Then, I'll be ⑦ (   ) here. Thank you.

男性は次に何をする？

Ⓐ 特別展を鑑賞する。　Ⓑ ガイドツアーに参加する。　Ⓒ 美術館を去る。

問4 🎧114

W: Hey, have you ① (   ) which volunteer program to
  ② (   ) for?

M: ③ (   ) houses and schools abroad looks
  ④ (   ). I want to be an international architect in the
  ⑤ (   ). What do you think?

W: Might be hard, ⑥ (   ) it's worth a ⑦ (   )!

男性は次に何をする？

Ⓐ ボランティアに応募する。　Ⓑ 留学する。　Ⓒ 建築士の資格を取る。

✍ Advice from キムタツ

日本語って「私」を意味する言葉が多いのに、会話の中では「私」が省略されること
が多いんですよね。「昨日、医者行ってきてんやんか」って「私は」抜きでしゃべる
でしょ。英語は"I"が頻繁に登場します。自分の意見をしっかりと伝える言語やからね。
英語を話すときは胸を張って"I"を使いましょう。

どれだけ
聞き取れたかを
チェック。

ドリル解説

問1

■ **正解**　① help　② homework　③ good　④ basketball　⑤ Why
　　　　　⑥ ask　⑦ will

■ **正解の選択肢** **C**

■ **訳**　男性：放課後に僕の数学の宿題を手伝ってくれないかい、エミリー？
　　　女性：私が数学がとても苦手だって知ってるでしょ？　それにバスケットボールの練習にすぐに行
　　　　　かなくちゃならないのよ。ジョージにお願いしたらどう？
　　　男性：そうだね、そうするよ。

■ **語注**　□help ～ with . . . : ～の……を手伝う　□math : mathematics（数学）の短縮形　□Why don't you ～? : ～
　　　したらどうですか？

■ **解説**　**Can you help me with ～?は助けをお願いするときの表現**。数学の宿題の手
　　　伝いを女性にお願いしているが、女性は数学が苦手で無理だと言っている。代わりに女性は、
　　　Why don't you ～?を使って、ジョージにお願いすることを提案している。これに対して男性
　　　は、**OK, I will.**と答えているので、正解は**C**となる。

問2

■ **正解**　① hear　② lecture　③ canceled　④ forgot　⑤ assignment　⑥ cafeteria
　　　　　⑦ preparation　⑧ class

■ **正解の選択肢** **A**

■ **訳**　女性：フレイザー先生の歴史の講義が今日は中止になったって聞いた、ニック？
　　　男性：ええ、そうなの？　それはよかった！　彼の授業の宿題をするのを忘れちゃったんだよ。そ
　　　　　れなら、学校のカフェテリアへ行こうよ。
　　　女性：そうしたいんだけど、ニック、私は別の授業の予習をしなくちゃならないの。

■ **語注**　□cancel : ～を中止にする　□That's a relief. : それはほっとしました。それはよかったです。　□assignment :
　　　宿題　□preparation : 予習、宿題

■ **解説**　**逆接の接続詞butに注意**。歴史の講義が中止になったので、カフェテリアで休憩するこ
　　　とを提案している男性に対して、女性は**I'd like to, Nick, but**の後で別の授業の予習をすると
　　　言っている。したがって、正解は**A**となる。**I'm sorry, but . . .**なども、相手の期待する行動
　　　とは別の行動をする場合に使うので、聞き逃さないようにしたい。

問3

■ **正解** ① exhibition ② but ③ closed ④ about ⑤ tour ⑥ in ⑦ waiting

■ **正解の選択肢** **Ⓑ**

■ **訳** 男性：おはようございます。特別展のチケットを1枚お願いします。
女性：申し訳ありませんが、月曜日は閉展しております。現代美術のガイドツアーはいかがですか。次の回は20分後に始まります。
男性：じゃあここで待たせていただきます。ありがとう。

■ **語注** □exhibition：展示 □How about ～?：～はいかがですか？ □guided tour：ガイドツアー □modern art：現代美術

■ **解説** **How about ～?は「～はいかがですか？」と提案する表現**。ガイドツアーはいかがですか、と提案されているのに対して**I'll be waiting here.**（ここで待たせていただきます）と答えていることから、**Ⓑ**が正解となる。特別展のチケットを買いたいと言ってる男性に対して**I'm sorry, but**（申し訳ありませんが）というように、逆接の接続詞**but**が使われていることにも注意する。

問4

■ **正解** ① decided ② apply ③ Building ④ interesting ⑤ future ⑥ but ⑦ try

■ **正解の選択肢** **Ⓐ**

■ **訳** 女性：ねえ、どのボランティアプログラムに応募するか決めた？
男性：海外で家や学校を建てるのが面白そうなんだよね。将来国際的な建築士になりたいんだ。どう思う？
女性：大変かもしれないけど、でも挑戦する価値はあるよね！

■ **語注** □apply for：～に応募する □abroad：海外で □architect：建築士 □worth：～の価値がある

■ **解説** **Might be hard, but it's worth a try!に注目する**。前半で**Might be hard**（大変かもしれない）と否定的な感想を述べたあと、**but it's worth a try**（でも挑戦する価値はある）と伝えている。これは、海外で家や学校を建てるボランティアに参加することについてどう思うか、という質問に対しての意見なので、正解は**Ⓐ**。

今日の
学習成果を、
実践形式の問題で
確認しよう！

/// エクササイズ

ここでは対話が2つあり、それぞれの対話につき問いが1つずつあります。
音声を聞いて、答えとして最も適当なものを、4つの選択肢のうちから1つ
ずつ選びましょう。対話は2回流れます。

【解答と解説→『別冊解答集』p. 18】

問1 🎧 115

What will the man most likely do first?

- ☐ ❶ Buy the fruit.
- ☐ ❷ Buy the drinks.
- ☐ ❸ Eat dessert with the woman.
- ☐ ❹ Go back to his car.

問2 🎧 116

What is Brenda going to do first?

- ☐ ❶ Prepare for a meeting.
- ☐ ❷ Have a discussion with Eric.
- ☐ ❸ Go back home.
- ☐ ❹ Go out to see her clients.

/// これだけは忘れんといて！

- ● 長いセンテンスは接続詞の前で意味を区切る。
- ● **that**は前に出た文や文の一部を指すことがある。
- ● **Anything is fine with me.** は「あなたにお任せする」といったニュアンス。
- ● **I'm sorry ～.** でおわびをされたら、**No problem.** で許してあげる。
- ● **go**は「ゴウ」、**so**は「ソウ」と、「オウ」をしっかり発音したい。
- ● **f**と**v**の発音は、軽く下唇をかむ感じで発音する。

Welcome to Kimutatsu's Cafe 3

コラム「Kimutatsu's Cafe」では、
4回にわたってキムタツ先生の
教え子の大学生、社会人をお迎えして、
おすすめのリスニング学習法や、
今、感じている英語の重要性について
語っていただきます。

世界で起きていることの理解とリスニング力で より広い世界へ

Tehu / 張 惺 さん（CHO, Satoru）デザイナー・技術者

私は現在、人材育成や教育、モビリティなど幅広い分野において、さまざまな企業の経営や戦略立案に携わっています。

学生のころ、英語は得意科目で、特にリスニングには自信を持っていました。身に付けた英語を使って、中学生のころから世界中の情報を収集してプログラミングを学ぶことができました。大学に進学して、会社を立ち上げたりしていく中で、英語圏の人々とのやりとりも不自由なく行うことができました。それでも、社会に出ると自分のリスニングスキルに不安を覚えることが増えてきました。それは、世界中の情報を収集するために海外のニュース番組や国際会議・討論会などにアクセスするようになってからです。

学生時代は、リスニング力をつける目的は英語によるコミュニケーションを円滑にするためだと思っていましたが、**実際仕事を始めてみると、英語で発信される情報をインターネットで一方的に摂取する機会のほうがはるかに多かったのです！** 私たちに話のレベルを合わせてくれるわけもなく、求められる語彙力や文脈理解のレベルがますます上がっていきました。

語る内容のないスピーキング力に意味がないのと同じように、知識を持ち合わせていないリスニング力にも意味はありません。知らない言葉を理解することはできませんし、聞き取ることすら難しいでしょう。例えば、乱射テロや銃規制のニュースを聞き取るためには、銃規制に反対する全米ライフル協会の会長の名前を知っていることが大前提となるほか、武器の個人所有を認めた合衆国憲法修正第2条の歴史的背景に関する知識も必要不可欠です。リスニング力を本気で人生の役に立てたいのであれば、欧米のニュースやトレンドの知識はもちろん、歴史や文学などの教養も身に付けておいて損はありません。

リスニング力を単に「コミュニケーションの道具」としてだけでなく、「より広い国際社会に出ていくための武器」として捉え、高校生・大学生のうちから、世界で今何が起きているかを理解する幅広い知識を身に付けるとよいでしょう。 最初のうちは日本語で勉強して構いません。きっとベストなタイミングで、鍛えたリスニング力とそれらの知識が合わさって、パワーを発揮できる日がやってくることでしょう。

Chapter
4

図表完成問題対策

いよいよ最後の Chapter 4 に突入です！ この Chapter では、Day 12 〜 Day 14 の 3 日間にわたって、図表完成問題への対応力をつけていきます。対話の平均語数は Chapter 1、Chapter 2 で扱った問題の 4 倍、Chapter 3 で扱った問題の 2 倍の 100 語程度になります。情報を整理しながら聞き進め、図表を完成するテクニックをマスターしましょう。

・対話の往復数＝ 5 往復程度
・対話の平均語数＝ 100 語程度

詳しくは、次のページの
「図表完成問題の傾向と攻略法」
をチェック！

図表完成問題対策の傾向と攻略法

まずは、このタイプの問題の出題形式と傾向、そして攻略法を確認しておきましょう。

◪ 出題形式

●問題形式：長い対話を聞き、その内容を基に予定表などの図表を完成させたり、出来事の順にイラストを並べたりする。

◪ 出題傾向

●対話は5往復程度で、平均語数は100語程度。

●対話の内容は、1日、1週間、1カ月など、あるまとまった期間の予定や出来事に関するものが出題される。

◪ 攻略法

●あらかじめ図表やイラストにざっと目を通しておき、対話の内容を予想する。図表が1日の予定なら「〜時」、1週間の予定なら「〜曜日」など、どこに集中して聞けばよいか予想できる。

●「時間・曜日・日付・月」＋「行事・予定」のセットを聞き逃さないようにする。

●at、in、onなど、時を表す語とともに用いられる前置詞や、時間の前後を表す表現を身に付けておく。

●同意や反対など、予定を「行う」か「行わない」かを決定する表現を正確に聞き取る。

学習ポイント→1日の予定を聞き取る

同意の表現、反対の表現を聞き落とすな!

 いよいよ、最後のChapter 4に入りました。平均語数は100語程度と、Chapter 3で扱った問題の倍になります。まずは、「レッツ トライ!」の練習問題に挑戦!

まずは
練習問題で腕試し。
どれだけ聞ける?
どれだけ解ける?

レッツ トライ! 🎧117

音声を再生して、長めの対話を1つ聞き、問1から問3までの3つの問いに答えましょう。この対話では、ある夜に見るテレビ番組について夫婦が話しています。2人が8時、10時、11時に見る番組として最も適当なものを、6つのイラストから1つずつ選びましょう。

【解答と解説→pp. 118〜119】

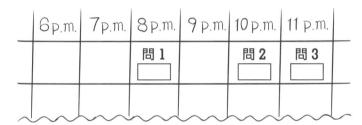

6 p.m.	7 p.m.	8 p.m.	9 p.m.	10 p.m.	11 p.m.
		問1		問2	問3

❶

❷

❸

❹

❺

❻

ココが狙われまっせ!

時系列通りに会話は進んでいくが、8時と10時に見る番組で男女の意見が分かれている。最終的にどの番組を見ることで落ち着いたか、同意・反対の表現に特に注意して聞き取ろう。

正解とスクリプト　🎧117

問1 正解 ②　問2 正解 ⑤　問3 正解 ①

太字部分が
正解の「カギ」。
次ページの
解説をチェック!

■スクリプト

M: Hmm, / it's 7 p.m. I guess / I'll watch this cartoon program / on TV / until 8 p.m.

W: Isn't **8 p.m.** / when the quiz show usually starts?

M: Yes, / but don't you remember?

W: What's that?

M: **Tonight is the big soccer game** / between Japan and South Korea. And when the game is over, / there's a movie / starting at 10 p.m.

W: Now, / wait a second. If I let you / watch your soccer game, / you have to **let me / watch my favorite music show / at 10 p.m.**

M: Oh, / all right. Then, / **we can both watch the news** / at 11 p.m.

W: OK. I agree.

■訳

男性：あれ、7時だね。テレビでこのアニメ番組を8時まで見ようと思うんだけど。

女性：あのクイズ番組がいつも始まるのは8時よね？

男性：そうだけど、覚えてないのかい？

女性：何のことかしら？

男性：今晩は、日本と韓国の大事なサッカーの試合があるんだよ。それに、試合が終わったら、10時に始まる映画があるよ。

女性：ねえ、ちょっと待ってよ。あなたにサッカーの試合を見させてあげるなら、10時には私のお気に入りの音楽番組を私に見させてくれなきゃ。

男性：あ、いいよ。その後、11時にはニュースを一緒に見られるよね。

女性：そうね。賛成だわ。

■語注

□guess：～だと思う　□cartoon：アニメーション、マンガ　□over：終わって、済んで　□Wait a second.：ちょっと待ってください。　□let＋人＋do：人に～させてやる、することを許す　□favorite：お気に入りの

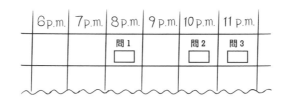

キムタツの**3S**解説

問1

話さなくちゃ
身に付かない。
解説を読んだら
「音読」も
忘れずに!

**同意の表現、反対の表現を聞き落とさないようにした
い。**問1については、女性がいつも8時に始まるクイズ番組に言及し
ているのに対して、男性は**Tonight is the big soccer game**と言っ
ているので正解は**❷**。サッカーを見る代わりに女性は10時から音楽番
組を見たいと言い、男性も**all right.**と同意しているので、問2は**❺**。
11時からニュースを見ることに女性は**I agree.**と同意しているので、
問3は**❶**が正解となる。

Structure
（構造）

**「There is＋a[an]＋名詞（意味上の主語）＋-ing」は「主語＋動詞」
の文に書き換えられる。**男性の3番目のセリフにある**there's a movie starting
at 10 p.m.**は**A movie starts at 10 p.m.**に言い換えることができる。不特定なもの（こ
こでは**a movie**）を主語として「主語＋動詞」で文を始めると唐突な感じになってしま
う場合、ここでのように**There is～.**を用いることがある。「**let＋人＋do**」（人に～さ
せてやる、することを許す）も押さえておこう。

Sense
（意味）

All right.とI agree.は「同意・賛成」を表す。Wait a second.は「ちょっ
と待ってください」という意味だが、状況によっては相手の言ったことに反対の意見を
述べる際にも用いられる。予定についての対話では同意や反対の表現が答えのカギとな
ることが多いので、聞き逃さないようにしたい。女性の最初のセリフにある**Isn't 8
p.m. when . . .?**は否定疑問文と呼ばれるもので、当然そうだと思っていたのに「そう
ではないの?」と言うときに使う。

Sound
（発音）

声色からも状況を推測できる。Now, wait a second.以降の抗議する口調など、
言葉の意味だけでなく声色も内容を把握するヒントとなる。音読の練習も、ただ棒読み
するだけでは、あまり効果が上がらない。「場面」や「状況」を考えながら、ネイティ
ブの発音を正確にまねるようにしたい。心を込めて音読すれば、効果が倍増するはず。

🎧 **118** **音読に挑戦!** 音声118を再生して、対話文のセリフの後のポーズ（無音）部分で英文を音
読しよう。意味の切れ目を表すスラッシュ（/）に注意!

ディクテーションで
「英語の耳」を
鍛えよう!

ドリル

音声を再生して、問1、問2の空所に入る語や数字を書き取ってみましょう(同
じ数字の空所には同じ語が入ります)。その後で、それぞれのイラストを時
系列の順番通りに並べ替えましょう(それぞれ1つだけ正解に含まれないイ
ラストがあるので注意)。問1では、男女が明日のデートの予定について話
をしています。また、問2では、男性が仕事のある日のスケジュールについ
て話しています。

【解答と解説→pp. 122~123】

問1 ∩119

M: Hi, Monica. How are you?
W: Fine, thanks. What do you want to do on our ① (   )
   tomorrow?
M: I want to buy a ② (   ) and see a ③ (   ).
   How about you?
W: A ③ (   ) sounds good. I also need to buy some
   ④ (   ).
M: OK. The ② (   ) isn't very important, so let's shop for
   your ⑤ (   ).
W: All right. After ⑥ (   ), we'll go see a
   ③ (   ).
M: Let's see . . .   The ③ (   ) starts at
   ⑦ (   ) o'clock, so we should eat
   ⑧ (   ) before that.
W: What should we do after the ③ (   )?
M: Let's ⑨ (   ) together at my ⑩ (   ).
W: Good idea. See you tomorrow.

Ⓐ

Ⓑ

Ⓒ

Ⓓ

Ⓔ

問2 🎧120

W: Hi. Thank you for fitting an interview into your schedule.
M: Oh, no problem.
W: Cool. Let's do this. First of all, what's keeping you busy these days?
M: I usually work ① (   ) at the gym ② (   ) after I wake up, and then I go out to ③ (   ) a video to upload.
W: I heard you ④ (   ) your videos yourself. Is that right?
M: ⑤ (   ). I work on them at my favorite cafe in the ⑥ (   ).
W: So, you spend all day out as a videographer?
M: No, ⑦ (   ) really. I get back home around noon to ⑧ (   ) lunch for my family.
W: How do you like to spend your spare time?
M: I often watch ⑨ (   ) before going to ⑩ (   ).

Ⓐ

Ⓑ

Ⓒ

Ⓓ

Ⓔ

///// **ドリル解説**

問1

■ 正解　① date　② CD　③ movie　④ T-shirts　⑤ clothes
　　　　⑥ shopping　⑦ 2　⑧ lunch　⑨ study　⑩ house

■ 正解のイラスト

　　　順に **ⓒ→ⓔ→ⓑ→ⓐ**

■ 訳　　男性：やあ、モニカ。元気？
　　　　女性：元気よ、ありがとう。明日のデートで何をしたい？
　　　　男性：CDを買って、映画を見たいな。君はどうだい？
　　　　女性：映画はいいわね。私はTシャツも買わなきゃならないんだけど。
　　　　男性：いいよ。CDはそれほど重要じゃないから、君の服を買いに行こう。
　　　　女性：そうね。買い物の後に映画を見に行きましょうよ。
　　　　男性：ええと……。映画は2時に始まるから、その前にランチを食べたほうがいいよ。
　　　　女性：映画の後はどうしようかしら？
　　　　男性：僕の家で一緒に勉強をしようよ。
　　　　女性：いい考えね。じゃあ、明日ね。

■ 語注　□date：デート　□How about you?：あなたはどうですか？　□shop for ～：～を買いに行く　□go (and)～：
　　　　～しに行く　□Let's see.：ええと、そうですね。

■ 解説　**OK.とGood idea.も「同意・賛成」を表す**。ここでも、こういった表現が答えの
　　　　カギになっている。予定についての対話では、どちらかの希望する予定が取り消されることが
　　　　あるので（ここでの男性のCDの買い物がその例）、注意しよう。また、時系列通りに予定が登
　　　　場するとは限らないので（ここでのランチがその例）、頭の中で時間を整理しながら聞き進めら
　　　　れるようにしておきたい。

問2

■ **正解** ① out ② soon ③ record ④ edit ⑤ Yes
⑥ afternoon ⑦ not ⑧ make ⑨ movies ⑩ bed

■ **正解のイラスト**

順に **E** → **A** → **C** → **D**

■ **訳** 女性：こんにちは。スケジュールにインタビューの予定を入れていただいてありがとうございます。
男性：ああ、大丈夫ですよ。
女性：よかったです。では、インタビューをしていきましょう。まず初めに、最近はどういったことでお忙しいんですか？
男性：普段は起きてすぐにジムで運動して、その後にアップロードする動画を撮影するために外出します。
女性：ご自分で編集もされているとお聞きしました。合っていますか？
男性：はい。午後にお気に入りのカフェでその仕事をします。
女性：ということは、動画撮影者として丸一日外で過ごされているんですね。
男性：いえ、そうでもないんです。正午ぐらいに家に戻って、家族の昼ごはんを作ります。
女性：空き時間はどうやって過ごされるのがお好きですか？
男性：寝る前によく映画を見ます。

■ **語注** □work out：運動する □record：〜を撮影する □edit：〜を編集する □noon：正午 □spare time：空き時間

■ **解説** **反対や否定の表現の後には重要な内容が含まれることが多いので、注意する。** ここでは、一日中外で過ごしているんですね、という発言に対して **No, not really.**（いえ、そうでもないんです）と柔らかく否定し、正午には家に戻って昼ごはんを作る、と情報を加えている。

今日の
学習成果を、
実践形式の問題で
確認しよう！

エクササイズ　🎧121

音声を再生して、長めの対話を1つ聞き、問1から問3までの3つの問いに答えましょう。この対話では、ある日の男性の予定について、男性とその秘書の女性が話しています。男性の正午、2時、7時の予定として最も適当なものを、6つのイラストから1つずつ選びましょう。対話は1回だけ流れます。

【解答と解説→『別冊解答集』p. 20】

10 a.m.	11 a.m.	12 p.m.	1 p.m.	2 p.m.	3 p.m.	4 p.m.	5 p.m.	6 p.m.	7 p.m.
		問1		問2					問3

❶ ❷ ❸

❹ ❺ ❻

これだけは忘れんといて！

● 「**There is ＋ a[an] ＋** 名詞（意味上の主語）**＋ -ing**」は「主語＋動詞」の文に書き換えられる。

● **All right.** と **I agree.** は「同意・賛成」を表す。

● 声色からも状況を推測できる。

学習ポイント→1週間・1カ月の予定を聞き取る

代名詞が指しているものを押さえる。

Day 13では、Day 12の「1日」から時間を長くして「1週間・1カ月」の予定を聞き取ります。基本は「1日」と変わりませんが、今日は特に代名詞に注意してみましょう。

まずは
練習問題で腕試し。
どれだけ聞ける?
どれだけ解ける?

レッツ トライ! 🎧122

音声を再生して、長めの対話を1つ聞き、問1から問3までの3つの問いに答えましょう。この対話では、学園祭前の1週間のバンドの練習予定について男女が話しています。バンドの火曜日、水曜日、木曜日の予定として最も適当なものを、6つのイラストから1つずつ選びましょう。

【解答と解説→pp. 126〜127】

Sun.	Mon.	Tue.	Wed.	Thu.	Fri.	Sat.
		問1	問2	問3		

❶ 　　❷ 　　❸

❹ 　　❺ 　　❻

ココが狙われまっせ!

具体的な事柄や曜日が出た後で、That〜(それなら〜、それは〜、その日は〜)と判断がされている。ここではこの"That"に注意して、彼らの1週間の予定を聞き取ってみよう。

正解とスクリプト　🎧122

問1　正解 ❸　　問2　正解 ❶　　問3　正解 ❹

■スクリプト

M: Our concert is / in a week. I'd like to get together / on **Tuesday** / at a cafe / to **decide the order of the songs /** we're going to play.

W: That's OK with me.

M: Then / let's rehearse / on Wednesday.

W: But / Ronald can't make it / on **Wednesday**.

M: That can't be helped. We'll just have to **rehearse / without his vocals.** Let's rehearse / on Thursday, / too.

W: Oh, / Thursday is a holiday. We won't be able to use / any of the studios / at school. Maybe / we could **go shopping together / on that day / for our concert clothes** / instead.

M: Good idea. Then / the last rehearsal will be / on Saturday, / one day before the school festival.

W: I'm really looking forward to it!

■訳

男性：コンサートは1週間後だね。火曜日に喫茶店に集まって、演奏する曲順を決めたいんだ。

女性：私はいいわよ。

男性：それから、水曜日にリハーサルをしよう。

女性：でも、水曜日はロナルドが来られないわよ。

男性：仕方ないね。彼のボーカル抜きで練習しなくちゃ。木曜日もリハーサルをしよう。

女性：あら、木曜日は休日よね。学校のスタジオはどれも使えないわ。その代わりに、その日はコンサートの服を一緒に買いに行けるわね。

男性：いいアイデアだね。そして、最後のリハーサルは土曜日、学園祭の前日だよ。

女性：本当に楽しみね！

■語注

□get together：集まる　□cafe：喫茶店　□That's OK with me.：私は大丈夫です。　□rehearse：リハーサルをする　□make it：来る、出席する　□That can't be helped.：仕方がない。　□vocals：ボーカル　□instead：その代わりに　□school festival：学園祭、文化祭　□look forward to 〜：〜を楽しみに待つ

	Sun.	Mon.	Tue.	Wed.	Thu.	Fri.	Sat.
			問1	問2	問3		

❶　　❷　　❸　　❹　　❺　　❻

⬤ 話さなくちゃ
身に付かない。
解説を読んだら
「音読」も
忘れずに!

キムタツの 3S解説

1週間の予定の聞き取りでは、「曜日＋予定」のセットを必ず押さえる。火曜日（**Tuesday**）は **get together . . . at a cafe to decide the order of the songs** と男性が述べ、女性も **That's OK with me.** と同意しているので正解は❸。水曜日と木曜日については、**rehearse without his vocals**、**go shopping together . . . for our concert clothes** とあるので、それぞれ❶と❹が正解となる。

Structure（構造）
否定の表現に注意して、「できないこと」を聞き逃さないようにしたい。ここでは、水曜日にボーカルのロナルドがリハーサルに来られないことを **Ronald can't make it**、木曜日に学校のスタジオが使えないことを **We won't be able to use any of the studios** のように、**can't** と **won't be able to** を使って表している。

Sense（意味）
That's OK with me. は「同意・賛成」を表す表現。**That's fine with me.** と言っても、同じ意味を表すことができる。**get together**（集まる）、**make it**（来る、出席する）など、会話によく使われる表現もマスターしておこう。男性の最初のセリフにある **order** は、ここでは「順番」という意味。このほかにも **order** には「注文、〜を注文する」という意味があるので覚えておくこと。

Sound（発音）
強調の場合を除いて、前置詞は弱く発音される。また、アクセントをつけずに読まれることが多い。音声を確認して、音読の練習でも取り入れてみよう。また、助動詞も弱く発音される傾向にあるが、この文の **can't** のように（**can** の）否定形であることをはっきりと発音する際には、強く読まれる。スクリプトの **can't make it**、**can't be helped** の部分に注意して音読してみよう。

🎧 123 **音読に挑戦!** 音声123を再生して、対話文のセリフの後のポーズ（無音）部分で英文を音読してみよう。

ドリル

音声を再生して、問1、問2の空所に入る語や日付を書き取ってみましょう。その後で、それぞれのイラストを時系列の順番通りに並べ替えましょう（それぞれ1つだけ正解に含まれないイラストがあるので注意）。問1では、母親と男の子が8月の予定について話をしています。また、問2では、女性が旅行の日程について相談をしています。

【解答と解説→pp. 130～131】

問1 🎧 124

W: Are you looking forward to summer vacation?

M: Definitely. I can't wait to ① (　　　　　　　　　) Grandma and Grandpa.

W: We're visiting them for three days, from the ② (　　　　　　　) until the ③ (　　　　　　　).

M: And baseball camp, from the ④ (　　　　　　　) to the ⑤ (　　　　　　　), will be fun.

W: Your three-day summer camp starts on the ⑥ (　　　　　　　).

M: Great. I have nothing to do between the ⑦ (　　　　　　) and the ⑧ (　　　　　　).

W: I think you should do your homework during that time.

M: No, I'll do it in ⑨ (　　　　　　　) August.

W: Are you sure that's a good idea?

M: Well, that way it will be fresh in my mind when ⑩ (　　　　　　) starts again.

Ⓐ　　　　　Ⓑ　　　　　Ⓒ

Ⓓ　　　　　Ⓔ

問2 🎧 125

W: Hello. Could you help me with my ① (   ) plans?

M: Sure. Do you know where you would like to go?

W: I'd like to go to ② (   ). Do you have any good package tours?

M: Of course. This one ③ (   ) the Colosseum on the ④ (   ) day and the Leaning Tower of Pisa on the ⑤ (   ) day. On the ⑥ (   ) day, you can enjoy shopping in Milan.

W: Sounds like a good tour, but unfortunately, I'm not interested in shopping that much.

M: Then, how about ⑦ (   ) it to a gondola ride in Venice?

W: Can you do that? Then, I'd like to take this package.

M: You can ⑧ (   ) enjoy the world's best pasta on the ⑨ (   ) day.

W: Really? Can't ⑩ (   )!

M: I hope you have a wonderful vacation.

Ⓐ

Ⓑ

Ⓒ

Ⓓ

Ⓔ

ドリル解説

問1

■ 正解　① see　② 15th　③ 17th　④ first　⑤ fifth
　　　　⑥ 10th　⑦ sixth　⑧ ninth　⑨ late　⑩ school

■ 正解のイラスト

　　順に **B** → **C** → **E** → **A**

■ 訳　　女性：夏休みを楽しみにしてる？
　　　　男性：もちろんだよ。おばあちゃんとおじいちゃんに会うのが待ちきれないよ。
　　　　女性：15日から17日の3日間、会いに行くのよ。
　　　　男性：それと、1日から5日までの野球の合宿も楽しみだね。
　　　　女性：3日間の夏期キャンプが10日に始まるわ。
　　　　男性：やったあ。6日から9日の間は何もすることがないね。
　　　　女性：その間に宿題をしたほうがいいと思うけど。
　　　　男性：嫌だよ、宿題は8月の下旬にするんだ。
　　　　女性：本当にそれでいいの？
　　　　男性：まあね、そうすれば、学校が再開したときに記憶に残っているしね。

■ 語注　□look forward to ～：～を楽しみに待つ　□Definitely.：もちろん　□Grandma：おばあちゃん＝
　　　　Grandmother　□Grandpa：おじいちゃん＝Grandfather　□summer camp：（児童のための）夏期キャンプ
　　　　□that way：そうすれば、それなら　□fresh in one's mind：記憶に新しい

■ 解説　**対話は必ずしも時系列でされるとは限らない**。ここでも、最初に15日から17日ま
　　　　での予定が話されている。日付が序数（**first、second、third、fourth**……）で表現されて
　　　　いることも確認しておこう。また、代名詞が指しているものを押さえながら聞き進めることも
　　　　重要。女性の2番目のセリフにある**visiting them for three days, from the 15th until the**
　　　　17thの**them**は**Grandma and Grandpa**、男性の最後から2番目のセリフにある**do it in**
　　　　late Augustの**it**は**homework**をそれぞれ指している。

問2

■ 正解　① vacation　② Italy　③ includes　④ second　⑤ fourth
　　　　⑥ sixth　⑦ changing　⑧ also　⑨ first　⑩ wait

■ 正解のイラスト

　　　　順に**C** → **B** → **A** → **E**

■ 訳　　女性：すみません。休暇の予定を立てるのに力を貸していただけますか？
　　　　男性：かしこまりました。どちらに行かれるか決めていらっしゃいますか？
　　　　女性：イタリアに行きたいんです。何かいいパッケージツアーがありますか？
　　　　男性：もちろんです。こちらのパッケージツアーは、2日目にコロッセウム、4日目にピサの斜塔を
　　　　　　　含んでいます。6日目にはミラノでショッピングをお楽しみいただけます。
　　　　女性：いいプランですね。ですが、残念ながらショッピングにはあまり興味がないんです。
　　　　男性：それではそれをヴェネツィアのゴンドラツアーに変更されるのはいかがですか？
　　　　女性：それができるんですか？　じゃあそのパッケージツアーにしたいと思います。
　　　　男性：初日には世界一のパスタをお楽しみいただけますよ。
　　　　女性：本当ですか？　それは楽しみです！
　　　　男性：素晴らしいご旅行になるといいですね。

■ 語注　　□package tour：パッケージツアー　□Colosseum：コロッセウム　□Leaning Tower of Pisa：ピサの斜塔
　　　　□Milan：ミラノ　□unfortunately：残念ながら　□gondola：ゴンドラ　□Venice：ヴェネツィア　□Can't
　　　　wait!：楽しみです！

■ 解説　　**代名詞に注意しよう。** 男性の3番目のセリフにある**how about changing it**の**it**は
　　　　shoppingを指している。また、女性の最後から2番目のセリフにある**Can you do that?**の
　　　　thatは、**changing it to a gondola ride in Venice**を指している。このことから、ショッピ
　　　　ングがヴェネツィアのゴンドラツアーに変更になったことがわかる。

今日の
学習成果を、
実践形式の問題で
確認しよう!

エクササイズ 🎧 126

音声を再生して、長めの対話を1つ聞き、問1から問3までの3つの問いに答えましょう。この対話では、1年間の予定について、ある夫婦が話しています。2人の3月、6月、10月の予定として最も適当なものを、6つのイラストから1つずつ選びましょう。対話は1回だけ流れます。

【解答と解説→『別冊解答集』p. 21】

Jan.	Feb.	Mar.	Apr.	May	Jun.	Jul.	Aug.	Sep.	Oct.	Nov.	Dec.
		問1			問2				問3		
		□			□				□		

❶ 　　**❷** 　　**❸**

❹ 　　**❺** 　　**❻**

これだけは忘れんといて!

● 否定の表現に注意して、「できないこと」を聞き逃さないようにしたい。

● **That's OK with me.** は「同意・賛成」を表す表現。

● 強調の場合を除いて、前置詞は弱く発音される。

学習ポイント → 経歴・歴史を聞き取る

「～年に」を表すin ～に注意!

いよいよ最後のDay 14になりました。ここまできた皆さんは、きっとかなり「聞き取れる」ようになっているのでは？それでは、最後の「レッツ トライ!」からスタート!

> まずは
> 練習問題で腕試し。
> どれだけ聞ける?
> どれだけ解ける?

レッツ トライ! 🎧 127

音声を再生して、長めの対話を1つ聞き、問1から問3までの3つの問いに答えましょう。この対話では、ある大学の歴史について男女が話しています。1870年、1917年、1970年に作られたものとして最も適当なものを、6つのイラストから1つずつ選びましょう。

【解答と解説→pp. 134～135】

1817	1870	1917	1947	1970	2002
	問1	問2		問3	

❶

❷

❸

❹

❺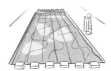

❻

ココが狙われまっせ!

経歴や歴史を伝える際には、「年」が重要な役割を果たす。「～年に」を表す表現と、その年に何が起きたのかに注意して聞き取ってみよう。似ている発音の区別にも要注意。

正解とスクリプト　🎧127

問1　正解 ❹　　問2　正解 ❸　　問3　正解 ❻

太字部分が正解の「カギ」。次ページの解説をチェック!

■スクリプト

M: Our school has a long history.　When the college was first established, / in 1817, / there was only the department / of literature.

W: It's a lot larger / now.

M: Yes, / it is.　**In 1870, / a five-story library was built** / that held the largest collection of books in the city / at that time.

W: Is this the building / you're talking about?

M: That's right.　We turned it / into an art museum / **in 1970** / when **our 10-story library was built.**

W: Who is this a statue of?

M: **This is a statue of the founder, / built in 1917**, / for the school's 100-year anniversary.

W: By the way, / I heard / that this college used to be / for men only.　Wasn't it?

M: Oh, yeah, / I forgot to mention that — / the school became coeducational / in 1946.

■訳

男性：当校には長い歴史があるんです。1817年にこの大学が創立されたときは、文学部だけしかなかったんですよ。

女性：今はずっと大きいですね。

男性：ええ、そうですね。1870年には、当時は市で最大の蔵書数があった5階建ての図書館が建てられました。

女性：これがおっしゃっている建物ですか?

男性：その通りです。10階建ての図書館が建てられた1970年に、美術館になりました。

女性：これは誰の像ですか?

男性：これは創立者の像で、当校の100周年記念日の1917年に建てられました。

女性：ところで、この大学は以前は男子校だったと聞きました。そうなんですか?

男性：あ、そうですね、そのことを話すのを忘れていました——1946年に、当校は共学になったんですよ。

■語注

☐establish：(学校など)を創立する　☐department：(大学の)学部　☐literature：文学　☐story：(建物の)階　☐collection：収蔵物　☐at that time：当時　☐That's right.：その通りです。☐turn 〜 into . . .：〜を……に変える　☐statue：像　☐founder：創立者　☐anniversary：〜周年記念日　☐By the way：ところで　☐used to 〜：(かつては)〜だった　☐mention：〜について言及する　☐coeducational：共学の

1817	1870	1917	1947	1970	2002
	問1	問2		問3	
	☐	☐		☐	

キムタツの **3S**解説

話さなくちゃ身に付かない。解説を読んだら「音読」も忘れずに!

「〜年」はin 〜で表される。ここでは、併せて17 (seventeen) と70 (seventy) の発音の違いにも注意しなければならない。まず、1870年については、a five-story library was builtと言っているので、正解は❹。1917年にはThis is a statue of the founder, built in 1917とあるので、❸。最後の1970年はin 1970 when our 10-story library was built.と言っているので❻を選ぶ。

Structure（構造）

関係代名詞の先行詞が直前にない場合もある。 男性の2番目のセリフにあるa five-story library was built that held ...の関係代名詞thatの先行詞はa five-story libraryである。先行詞の直後に関係代名詞を含む節がくると主語が長くなってしまうような場合、ここでのように先行詞と関係代名詞が離れることがある。

Sense（意味）

used to〜は「(以前は) よく〜したものだ」や「(かつては) 〜だった」といった意味がある。 女性の最後のセリフにあるthis college used to be for men onlyのused to〜は「(かつては) 〜だった」という「過去の状態」を表している。

Sound（発音）

-teenと-tyを正確に発音できるようにしておこう。 正確に発音できるということは正確に聞き取れるということ。seventeenは「セヴン**ティー**ン」と後ろの「ティ」にアクセントを置く。seventyは「**セ**ヴンティ」と「セ」の部分にアクセントがくる。13と30、14と40、15と50、16と60、18と80、19と90でも同様のアクセントの違いがあるので、何回も口に出して練習しておこう。

🎧 128 | **音読に挑戦!** | 音声128を再生して、対話文のセリフの後のポーズ (無音) 部分で英文を音読してみよう。

ディクテーションで「英語の耳」を鍛えよう!

ドリル

音声を再生して、問1、問2の空所に入る語や数字を書き取ってみましょう(同じ数字の空所には同じ語が入ります)。その後で、それぞれのイラストを時系列の順番通りに並べ替えましょう(それぞれ1つだけ正解に含まれないイラストがあるので注意)。問1では、大学生の男女がアルバイト経験について話をしています。また、問2では、高校生の男女がプレゼンテーションの内容について話をしています。

【解答と解説→pp. 138〜139】

問1 🎧129

M: Now that we're seniors, I want a ① (   ) job. Are you working?

W: Yes. Since ② (   ) year, I've been working as a ③ (   ) in a friend's restaurant.

M: Is that your first experience working?

W: Oh, no. I first started working in a ④ (   ) store when I was a freshman. Then, as a sophomore, I became a ⑤ (   ).

M: Did you like those jobs?

W: Well, I quit the ④ (   ) store job after just one year, but I'm still ⑥ (   ).

M: School and work? You must be busy!

W: Yes. As a sophomore, I also worked during the summer at a ⑦ (   ).

M: You've had a lot of ⑧ (   )!

Ⓐ   **Ⓑ**   **Ⓒ**   **Ⓓ**

問2 🎧 130

W: OK. Let's prepare our presentation about money.

M: Well . . . in 2004, bills were changed, but the new 10,000-yen bill ① (　　　　　　　　) to have Fukuzawa Yukichi on it, right?

W: Yeah. His picture ② (　　　　　　　) appeared on a 10,000-yen bill in ③ (　　　　　　　).

M: Wow. In ③ (　　　　　　　)? That's a long history!

W: As for ④ (　　　　　　　), I know Higuchi Ichiyo ⑤ (　　　　　　　) the first woman to be on a bill in ⑥ (　　　　　　) year.

M: I know. Her image came to be printed on a 5,000-yen bill.

W: Do you also know 2,000-yen bills were ⑦ (　　　　　　　) one time?

M: Oh, yeah, that's right! Was it in ⑧ (　　　　　　)?

W: Yes, it was. I have some 2,000-yen bills.

M: Seriously? We'll include that topic in our presentation!

Ⓐ  Ⓑ  Ⓒ

Ⓓ

Advice from キムタツ

みんなよく頑張ったね。でもね、これで最後じゃない。もう一度最初からやり直そうよ。最初のほうのなんて、もう忘れてるでしょ？ 人生くじけそうになることの連続です。さぼりたいなあという気持ちに打ち勝って、そして努力すれば、絶対に神様が背中を押してくれる。自分を信じて突っ走ろう！

ドリル解説

どれだけ
聞き取れたかを
チェック。

問1

■ **正解**　① part-time　② last　③ server　④ convenience　⑤ tutor
　　　　　　⑥ tutoring　⑦ hotel　⑧ jobs

■ **正解のイラスト**

　　順に❸→❶→❸

■ **訳**　男性：もう4年生だから、アルバイトの仕事がしたいんだよ。君は働いてる？
　　　　女性：ええ。去年から、友人のレストランで給仕の仕事をしているわ。
　　　　男性：それが初めての仕事の経験なの？
　　　　女性：違うわ。1年生の時に、コンビニエンスストアで初めて仕事をしたの。それから、2年生の
　　　　　　　時に家庭教師になったわ。
　　　　男性：仕事は面白かった？
　　　　女性：そうね、コンビニエンスストアの仕事はちょうど1年で辞めたけど、家庭教師はまだしてい
　　　　　　　るわ。
　　　　男性：学校と仕事かい？　きっと忙しいんじゃない！
　　　　女性：ええ。2年生の時には、夏の間ホテルで働いたこともあったわ。
　　　　男性：君って、たくさん仕事をしてきたんだね！

■ **語注**　□Now that 〜：今や〜だから　□senior：(大学の) 最上級生　□part-time job：アルバイトの仕事　□server：給仕人　□experience：経験　□freshman：(大学の) 1年生　□sophomore：(大学の) 2年生　□tutor：家庭教師、家庭教師をする　□quit：〜を辞める

■ **解説**　**年代に置き換わる表現も覚えておこう。** ここでは、具体的な「年」は出てこないが、**freshman**（1年生）、**sophomore**（2年生）、**senior**（4年生）という言葉が対話に登場している（ちなみに「3年生」は**junior**と言う）。男性の最初のセリフの**Now that we're seniors**から、この対話は4年生になったばかりの男女の対話だと分かる。1年生の時にコンビニエンスストア、2年生の時に家庭教師、去年（3年生の時）から給仕のアルバイトを始めたと言っているので、正解は順に❸❶❸となる。

問2

■ **正解**　① continued　② first　③ 1984　④ 2004　⑤ became
⑥ that　⑦ issued　⑧ 2000

■ **正解のイラスト**

順に **①** → **③** → **⑥**

■ **訳**　女性：さて。お金についてのプレゼンテーションの準備をしましょう。

男性：えっと……2004年に紙幣が変わったけど新しい一万円札には福沢諭吉が載り続けたよね?

女性：うん。福沢諭吉の肖像が初めて一万円札に登場したのは1984年だよ。

男性：わあ。1984年?　歴史が長いね。

女性：2004年と言えば、その年に樋口一葉が紙幣に載る初めての女性になったよね。

男性：僕も知ってるよ。樋口一葉の写真が五千円札に印刷されることになったよね。

女性：かつて二千円札が発行されたのを知ってる?

男性：ああ、うん、そうだったよね!　2000年だったっけ?

女性：うん、そうだよ。私二千円札何枚か持ってる。

男性：本当に?　そのトピックを僕たちのプレゼンテーションに入れるべきだよ!

■ **語注**　□prepare:~を準備する　□picture:肖像　□appear:登場する　□print:~を印刷する　□issue:~を発行する

■ **解説**　**話題が複雑なときも、「年」を表す表現に注意すると問題が解ける。** ここでは、「~年に」を表す **in ~** の他に、**As for 2004** (2004年と言えば) や **in that year** (その年に) が、「年」を表している。その年に何が起きたのかは、「年」を表す表現の近くで説明されることがほとんどだということも意識しておこう。

今日の
学習成果を、
実践形式の問題で
確認しよう!

エクササイズ 🎧 131

音声を再生して、長めの対話を1つ聞き、問1から問3までの3つの問いに答えましょう。この対話では、男性が女性の学歴・職歴について尋ねています。女性の学歴2、職歴2、職歴3として適当なものを、6つのイラストから1つずつ選びましょう。対話は1回だけ流れます。

【解答と解説→『別冊解答集』p. 22】

学歴1	学歴2	職歴1	職歴2	職歴3
大学時代に経済学を専攻	問1 □	南アフリカでボランティア	問2 □	問3 □

❶

❷

❸

❹

❺

❻

これだけは忘れんといて!

● 関係代名詞の先行詞が直前にない場合もある。

● **used to ～**は「(以前は)よく～したものだ」や「(かつては)～だった」といった意味がある。

● **-teen**と**-ty**を正確に発音できるようにしておこう。

コラム「Kimutatsu's Cafe」では、
4回にわたってキムタツ先生の
教え子の大学生、社会人をお迎えして、
おすすめのリスニング学習法や、
今、感じている英語の重要性について
語っていただきます。

英語はキャリアを築く助けとなり、知的好奇心を刺激してくれる

坂本 達夫さん（SAKAMOTO,Tatsuo）外資系企業勤務

　僕は1998〜2004年に灘中・高に在籍し、キムタツ先生に担任してもらっていました。ネイティブレベルには及ばないとはいえ、**世の中の平均以上の英語力があるということは、僕の人生に大きくプラスに影響しています**。どのような影響があるのか、2つの点から説明します。

　1つ目は、**キャリアを築く助けになっている**点です。僕は社会人4年目にGoogleの日本法人に転職し、それ以降ずっと「外資系企業に所属し、日本への展開を担当する」という仕事をしています。実際にやっている仕事は営業やマーケティングです。が、例えば「営業ができる」「マーケティングができる」という人はそこそこいる一方、それに加えて「英語もできる」という人は非常に数が少ないです（自分が採用する側になると、いつも苦労します）。

　そのため「日本1人目の社員」という希少で・楽しくて・学びになるキャリア機会を得ることができています。さらに、同じ仕事を日本の会社でやったときにもらえる給与よりも多少高い金額を提示しても、「他に採用できる候補がいない」という理由で受諾されることが多いです。

　2つ目は、**知識の幅が広がる**という点です。英語の情報に接すると、その中で日本語に翻訳されている情報の少なさ・偏りや、流通している情報の遅さに気づくようになります。世界中の最先端の情報にアクセスできたり、世界中にいる人と意見交換できたりすることは、知的好奇心が刺激されてとても楽しいです。また他の日本人が持っていない情報を持てるというのは競争優位の源泉にもなります。

　僕が今、所属している会社の本社はフィンランドにありますが、プロダクトは英語のみで提供されていて、世界中の社員が英語で運営しています。非英語圏からでも、世界から情報を得て、世界に向けて発信したりビジネスしたりできる、ってちょっとワクワクしませんか？

　現代を生きる皆さんは「インターネットから得る情報なしに生きる」ことはもはや想像がつかないのではないかと思います。「英語を使わずに生きる」のもそれと同じぐらいに想像ができないことではないかと個人的に考えています。**知的で楽しい人生を送るために、一生使える英語という「武器」をぜひ身に付けてください。**

Appendix

「3Sメソッド」はこうして生まれた!
これであなたも「聞き取れる」ようになる。

本書の中核を成す「3S メソッド」。リスニング力を短期間で効率的にアップさせるにはどうすればよいか──。常にそう考えて続けてきた私キムタツの教師経験を踏まえながら、「3S メソッド」誕生の理由をご説明していきましょう。ざっと読むだけでも結構です。私の熱い気持ちを感じ取ってください。

§1

なぜ聞き取れないのか？

「なぜ英語を聞き取れないのか？」——日本人は中学・高校で6年間、そして大学に行った人なら最低でも2年間、つまり合計で6〜8年間は英語を勉強しているはずなのに……。その答えは、実は簡単なところにあるのです。

私たちは「なぜ日本語を聞き取れるのか？」

　私たちは日本語を聞き、そして話すことができます。当たり前のことですね。でも、私たちが日本語をどうやって聞き取れるようになったか考えたことがありますか？　答えは簡単です。**生まれた時から、膨大な量の日本語を聞いてきたからです。**

　赤ちゃんは普通、1年か2年ほどで、周囲の人たちから話しかけられてきた言葉を片言ながら話し始めます。つまり、話せるようになる前には、一定の期間「聞き続けること」が不可欠なのです。例え話を出すとすれば、それは「コップから水がこぼれ出す」ようなものです。**コップに水（言葉）がいっぱいになるほど入れば（聞けば）、自然と水（言葉）はこぼれ出てくるんですね。**

でも、皆さんは赤ちゃんではない。

　この本を手に取ってくれた皆さんは赤ちゃんではありません。ある程度の英語の文法力もついているはずです。ましてや、赤ちゃんのように1年も2年も聞き続ける時間はありません。では、どうすればよいか？　**必要なポイントを押さえ、集中してトレーニングすればよいのです。**

　ところで皆さん、「よし！　頑張ってリスニング力をつけるぞ！」と教材を購入したものの、途中で挫折してしまったことはありませんか？　これでは英語を聞き取れるようにはなりませんよね。「よし！　スピーキング力をつけるぞ！」と英会話の本を買ってみたものの、1度も音読せずにやめてしまった人はいませんか？　これでは英語を話せるようになるわけがありません。では、どうすればよいか？　この答えも簡単です。**どのような教材でも信じて、そして最後までやり遂げることです。**

できれば、
効率的に短期間で
「聞ける」ようになりたい。

　「最後までやり遂げる」のは、まさに「言うは易し、行うは難し」です。できることなら、短い期間で効率的に聞けるようになりたいと思うのが人情ですよね。この本は、そういった皆さんのために作られた教材です。

　14日間（2週間）という短期間で、飛躍的にリスニング力をマスターできる構成になっています。また、本書は「聞き取れない原因」を徹底的に追求して作られています。その原因は、この教材の「3Sメソッド」が詳しく解き明かしてくれます。ですから、ぜひ私キムタツを信じてついてきてください。

「聞き取れない原因」を
3つ、こっそり
教えましょう。

　カギは「3つのS＝3S」に隠されています。まず1つ目のSは「**Structure＝構造**」、つまり文法です。英語の語順は日本語とは違います。英語の語順通りに内容が頭に入ってこなければ、聞き取れるはずがありません。

　次のSは「**Sense＝意味**」です。語順通りに聞き取れたとしても、その表現や文の意味が分からなくては聞き取れたことにはなりません。例えば、英語ではたいていの場合、"Could you 〜 ?" は丁寧な依頼の表現となりますが、これを「あなたは〜できましたか？」という過去の可能の意味として捉えてしまっては、内容を理解したことにはなりません。

　そして、**最後のSは「Sound＝発音」**です。英語では、音声の連結や脱落といった現象が起こります。文法や表現をいくら多く知っていても、「英語の音」に慣れていなくては太刀打ちできません。

To Be Continued
今明かされる、「聞き取り」の第1歩とは？　詳しくは、次ページの「§2：Structure（構造）の理解」へ！

§2
Structure（構造）の理解

「3S」の最初の S は「Structure ＝構造」です。文法や語順と考えて
くれても結構です。英語は、単語がフレーズ（句）を構成し、句から
文が作られます。この「構造」を知ることが、正確なリスニングの第
1歩です。

リスニングでは
「待った!」が通用しない。

　**リスニングはリーディングと違い、
「戻り訳」をする時間がありません。**
もちろん、リーディングでも戻り訳を
せずに英語の語順通りに理解すること
が理想ですが、リスニングでは流れて
いく音声に「待った」をかけることは
不可能です。

　皆さんの中にも、リスニングの試験
の際に、文の意味を戻り訳をしながら
考えているうちに、英文が次から次へ
と流れてしまってパニックになった人
がいるのではないでしょうか？　いい
ですか、**よく心に留めておいてくださ
い。「戻ってはゼッタイにダメ!」**な
んです。

「速読」とは
「戻り訳をしない」こと。

　私の経験から言えるのは、**リスニ
ングの上達が早い生徒は速読力があ
るということです。**

　では、「速読」とは何か？　それは、
「戻り訳をしない」ことです。リー
ディングの際に英語を語順通りに理
解できずに戻り訳をしてしまうよう
では、リスニングの「音の流れ」に
は絶対に対応できません。ですから、
**まずは普段からリーディングの際に
戻り訳をしない癖をつけておくこと
が大切です。**

「チャンク（意味の固まり）」
ごとに押さえていく。

　「語順通りに」と言っても、1 語
ずつ押さえていってはいけません。
次の文を見てください。

　Unfortunately, she couldn't
get the job because of her lack
of experience with computers.
1 語ずつ意味を取っていくと、「残
念なことに、彼女は、できなかった、
〜を得る、その仕事、〜のために、
彼女の、不足……」とバラバラにな
り、解釈しにくくなってしまいま
す。これでは逆効果です。では、以
下のように**スラッシュ（/）を入れな
がら、チャンク（意味の固まり）ご
とに分けてみる**とどうでしょうか？

　Unfortunately, / she couldn't
get the job / because of her
lack of / experience with
computers.
こうすれば、「残念なことに／彼女
はその仕事に就けなかった／彼女の
〜の不足のために／コンピューター
の経験」と、語順通りに素早く理解
できるようになりますね。

＊本書では、「レッツ トライ！」のスクリ
プトにスラッシュを適宜入れて、「チャン
ク」ごとに英語を語順通り聞き取れるよう
になる「仕掛け」をしてあります。

「単文」→「重文」→
「複文」へと
「幅」を広げていこう!

　日本語でもそうですが、**英語でも
会話ではそれほど難しい語句や構文
は使われません**。第 1、第 2、第 3
文型に「場所」や「時」を表す副詞
句がついているものがほとんどで
す。これが 7、8 割くらいで、残り
が and や but で文が結ばれている
「重文」や、because や when な
どの接続詞が含まれている「複文」
です。

　いきなり、重文や複文を語順通り
に聞き取ろうとする必要はありませ
ん。まずは、**基本的な単文を戻り訳
をせずに理解できるようになること
を目指しましょう**。面倒くさがって
はいけませんよ。「チャンク」を意
識した学習は、「聞き取れるように
なる」第 1 歩です。

To Be Continued
奥深き英語の Sense（意味）の世界が
暴かれる！ 「§ 3：Sense（意味）の
理解」を Check it out！

§3
Sense（意味）の理解

「3S」2つ目のSは「Sense（意味）」。単語やフレーズ、そして慣用表現などの「意味」のことです。Structure（構造）の突破の後に立ちふさがる、「意味の壁」について考えてみましょう。

「聞き取れている」のに「聞き取れない」?!

「§1：なぜ聞き取れないのか？」で赤ちゃんの言語習得過程の話を書きました。さて、この赤ちゃん、4歳くらいになってくると、しきりに「〜ってなーに？」と尋ね始めます。つまり、**音としては「聞き取れている」のに、意味として「聞き取れない」ので質問**するんですね。

4歳児だけではありません。皆さん（そして私のような大人）にも、意味が分からない日本語って結構あるものです。株式用語に「空売り」という言葉があります。日本人なら誰でも、「からうり」という音は「聞き取れる」はずですね。でも、その意味となると、証券業界に詳しい人でなければ、「？」な人がほとんどではないでしょうか？**単語やフレーズの「意味」が分からなければ、「聞き取れた」とは言えないんです。**

＊ちなみに「空売り」とは、「証券取引・商品取引などで、所有していない株や商品を、買い戻しによる差益を目的として売ること」（広辞苑）ですが、それでも「？」ですね（笑）。

put / up / withは聞き取れたのに……。

私たち日本人にとって、意味が分からない英単語は、それこそ泣きたくなるほどたくさんあります。もちろん、全てを覚える必要はありません。**大学入学を目指している皆さんは、覚えるべき単語（3000語程度）をしっかりマスターしておけば十分**です。しかるべき単語集に繰り返し目を通し、英文中で理解できるようになれば、単語力は身に付きます。

次に覚えなければならないのはフレーズやイディオムですね。put / up / with の1語ずつを聞き取れたとしても、put up with 〜（〜を我慢する）という意味を知らなければ、「本当に聞き取れた」ことにはなりません。地道な作業ですが、**フレーズやイディオムを繰り返しの学習で身に付けていくようにしましょう。**

"What's up?"と聞かれて、上を見てしまった人の話……。

ところで皆さん、"What's up?" という慣用表現をご存じですか？

「どうしたの？、(最近) どう？」といった意味で用いられますが、これを「上に何がある？」と勘違いしてしまった人がいるそうです。

"What's up?" 程度なら誰にでも聞き取れるはずですが、**その意味が分からなければ会話は続きませんよね**。このほかにも英語には、"It's been a long time."（お久しぶり）、"May I help you?"（何かお探しですか？）など、会話に特有の表現が数多くあります。

繰り返し、繰り返し、そして繰り返し。

単語やフレーズやイディオム、そして慣用表現を身に付けるのは簡単ではありません。単語集で 1 度目にした単語も、すぐに忘れてしまいます。でも、忘れることは自然な過程です。どんな人でも忘れます。

大切なことは、**繰り返しその単語やフレーズ、慣用表現に触れること**です。1 度学習したからといって、定着したとは限りません。と言うよりも、1 度だけでは定着しないのが普通です。何度も復習して、しっかりと頭の中にインプットするよう心がけてください。

To Be Continued
ついに最後の S へ！ Sound（発音）の壁を撃破し、マッハ・リスニングの境地へ進め！

§4
Sound（発音）の理解

「3S メソッド」の最後の S は、日本人にとって最大の壁である「Sound（発音）」です。読めば分かるのに、聞くと分からない……。こんな経験は誰にでもあるはず。この壁を撃破する秘けつは、音の「連結と脱落」の攻略です。

日本語だって、
レンケツするし
ダツラクする。

　音の「連結と脱落」と言うと、ちょっと音声学っぽくてとっつきにくいですが、これは**英語だけでなく日本語でも当然のように起こる音声現象**です。

　例えば、皆さんは「体育」をどう発音しますか？　「たいいく」と正しく発音する人はほとんどいないはずです。多くの場合、真ん中の２つの「い」が連結して（つながって）「たいく」と読んでいると思います。「佐藤さん」も「さとうさん」ではなく、「さとーさん」になっていませんか？　また、「水族館」を「すいぞくかん」ではなく、「く」を脱落させて（読まないで）「すいぞっかん」と読んでいる人も多いと思います。なぜ、そのように読むのでしょうか？

読みやすいし、
慣れているから
連結するし脱落する。

　答えは、「たいいく」よりも「たいく」、「さとうさん」よりも「さとーさん」、「すいぞくかん」よりも「すいぞっかん」と読んだほうが読みやすいし、みんながそう読むのに慣れてしまっているからです。

　英語でも同じです。「§1：なぜ聞き取れないのか？」で、丁寧な依頼の表現として "Could you 〜 ?" を例に出しましたが、これを「クドゥユー」と発音するネイティブはまずいません。ほとんどの人は「クジュー」と連結させて（つなげて）読みます。「チェキラ！」はもう日本語になりつつありますが、これは "Check it out!" のそれぞれの単語の音がつながり、it の t 音が l（エル）の音に変化し、out の t 音が脱落している例ですね。日本語と同じく、**英語でもそう読んだほうが読みやすいし、慣れているからそう発音するんです。**

"minute"は「ミニットゥ」ではなく「マイニュートゥ」?!

"minute" には、「分」という意味のほかに、形容詞として「微細な、詳細な」という意味があります。「知っているよ」という方、それでは形容詞の "minute" の発音は正しくできますか? 「できる」ならこれ以降は読まなくて結構です。意味を「知らない」方、まずは意味を覚えましょう。発音が「できない」方、形容詞の "minute" は /mínit/ ではなく、/mainjú:t/（マイニュートゥ）と発音されることを覚えましょう。

私が言いたいのは、単語をスペルだけで知っていてもリスニングでは何の役にも立たないということです。**単語を学習する際には、「必ず」スペルと発音を確認することが大切です。**音声がついている単語集を私がいつも薦めるのはそういう理由からです。

「3つのS」を押さえたら、次に使うべき「最終兵器」とは?

ここまで、**Structure**（構造）、**Sense**（意味）、**Sound**（発音）の3つの「**S**」が「聞き取れない原因」であることを説明してきました。この「**3S**」に関する解説を読めば、ある程度は英語を聞き取れるようになるはずです。

そして、**この「聞き取れる」をさらに「完璧に聞き取れる」、そして「話せるようになる」まで飛躍させるのが「音読」です。**

To Be Continued
次は、いよいよ最終回。§5では、最終兵器の「音読」が登場！ Don't miss it!

§5
音読の必要性

「音読」と言うと、スピーキングの練習と思われがちですが、実はリスニング力アップにとても効果がある学習法でもあります。ここでは、「英語の耳」を完成するための「音読法」についてご紹介しましょう。

「話せば分かる」は
世の道理なり。

最後の最後に、三たび「赤ちゃん」に登場してもらいましょう。「§3：Sense（意味）の理解」で「しきりに『〜ってなーに？』と尋ね始め」た赤ちゃん。ママから「それは〜ってことよ」と教えてもらいます。

でも、それだけでは、その言葉の意味が完全に定着したとは限りません。**その言葉を使って「話し始めて」こそ、赤ちゃんはその意味を完全に理解し、聞き取ったり、使ったりできるようになります**。「話せば分かる（＝聞き取れる、使える）」は世の道理なのです。本書では、「3S」の解説をしっかりと押さえた上で、この「話す作業＝音読」を重要視しています。

「話し上手」は
「聞き上手」でもあるのだ。

「§4：Sound（発音）の理解」で、音の連結や脱落について「そう読んだほうが読みやすいし、慣れているからそう発音する」と書きました。これは、英語のネイティブスピーカーの間で了解されているお約束ごとです。**音読の練習は、この音声現象に「慣れる」ための最も効果的な学習法です。**

ネイティブが「そう読んだほうが読みやすい」としている発音をまねることで、その発音に「慣れ」、そして聞き取ることができるんですね。ですから、**遠回りのような気がするかもしれませんが、必ず「音読」をしてください。**

ネイティブっぽく、「かっこつけて」読もう!

　音読の際には、**聞こえてくる通りの「発音」「アクセント」「イントネーション」「リズム」で話さなくてはなりません。**そうでないと、全く意味がありません。強く発音される音は強く、弱く発音される音は弱く発音しましょう。**英語っぽく、大きな声で「かっこつけて」読んでください。**そのほうが、すぐに英語の音に「慣れる」ことができます。

　本書では、音読の回数は特に設定していませんが、時間の許す限り繰り返し音読しましょう。**スクリプトを見ないでも音声についていけるようになると、確実な効果が表れてきます。**そこまでくると、「聞き取れる」自分、そして「話せる」自分を実感できるようになっているはずです。

焦らず、最後まで取り組もう!

　ちょっと能書きっぽくなりましたが、英語を聞き取れない理由、そして聞き取れるようになるまでの方法（3S メソッド）と、音読の効用についてご説明してきました。

　ともすると、練習問題を次から次へと解きこなすことがリスニング力アップのコツのように思われがちです。もちろん、問題を多くこなすことも大切ですが、1 つの問題からより多くのエッセンスを学び取ることも大切です。特に、大学入試のリスニングの対話文問題に対応した本書は、リスニングの「基礎」を身に付けるための第 1 歩です。**焦らず、最後まで、私についてきてください。そうすれば、絶対に力がつきます。**

アルクは個人、企業、学校に
語学教育の総合サービスを提供しています。

英 語

通信講座

 **TOEIC®対策**

『イングリッシュ・クイックマスター』シリーズ

ほか

書 籍

キクタン　ユメタン

『起きてから寝るまで』シリーズ

TOEIC®／TOEFL®／英検®

ほか

月刊誌

ENGLISH JOURNAL

辞書データ検索サービス

英辞郎 on the WEB Pro

オンライン会話

**アルク
オンライン
英会話**

アプリ

『キクタン』シリーズ

ほか

セミナー

**TOEIC®対策
セミナー**

ほか

子ども英語教室

**Kiddy CAT
英語教室**

留学支援

**アルク
留学センター**

 学 校 ▶

eラーニング

ALC NetAcademy
NEXT

学習アドバイス

ESAC

書 籍

**高校・大学向け
副教材**

 企 業 ▶

団体向けレッスン

**クリエイティブ
スピーキング**

ほか

スピーキングテスト

TSST

地球人ネットワークを創る
アルク

▼ サービスの詳細はこちら ▼

website **https://www.alc.co.jp/**

日本語

通信講座	セミナー	書籍	スピーキングテスト
NAFL日本語教師 養成プログラム	**日本語教育 能力検定 試験対策**	**どんなとき どう使う** ほか	**JSST**

オンライン会話
アルク オンライン 日本語スクール

書名	キムタツの大学入試英語リスニング 合格の法則【基礎編】	
発行日	2020 年 9 月 25 日（初版） 2021 年 2 月 4 日（第 2 刷）	
監修・執筆	木村達哉	
協力	チームキムタツ	
編集	株式会社アルク 文教編集部	
英文執筆・校正	Peter Branscombe、Christopher Kossowski、 Margaret Stalker、Joel Weinberg	
アートディレクション	細山田光宣	
デザイン	小野安世（細山田デザイン事務所）	
イラスト	表紙イラスト　花くまゆうさく 本文イラスト　花くまゆうさく、関根庸子	
ナレーション	Vicki Glass、Peter von Gomm、 Josh Keller、Rachel Walzer	
録音・編集	株式会社ジェイルハウス・ミュージック	
DTP	株式会社秀文社	
印刷・製本	日経印刷株式会社	
発行者	天野智之	
発行所	株式会社アルク 〒102-0073 東京都千代田区九段北 4-2-6　市ヶ谷ビル Website：https://www.alc.co.jp/ 中学・高校での一括採用に関するお問い合わせ： koukou@alc.co.jp（アルクサポートセンター）	

木村 達哉
KIMURA, Tatsuya

1964 年 1 月 29 日生まれ。奈良県出身。関西学院大学文学部英文学科卒業。奈良県の私立高校を経て、1998 年より灘中学校・高等学校英語科教諭。趣味は絵を描くこととゴルフをすること。主な著作に『新ユメタン』『ユメブン』『東大英語』シリーズ（いずれもアルク）などがある。

地球人ネットワークを創る

アルクのシンボル「地球人マーク」です。

キムタツの大学入試
英語リスニング
合格の法則
【基礎編】

監修・執筆
木村達哉

別冊解答集
＊各学習日の「エクササイズ」の
　解答がまとめられています。

別冊解答集

Contents

Chapter

1

イラスト・数値選択問題対策

問1 正解 ❸ 🎧010

■スクリプト

M: I'd like a round-trip ticket from New York to Los Angeles.

W: That'll be 515 dollars economy class or 1,030 dollars first-class.

■語注

□round-trip：往復の　□That'll be ～.：（値段・料金が）～になります。

■訳

男性：ニューヨークからロサンゼルスまでの往復切符をお願いします。

女性：エコノミークラスですと515ドル、ファーストクラスですと1030ドルになります。

男性は何を買いますか？

■解説

I'd like ～.は注文時の表現で「～をお願いします」という意味。round-trip（往復の）の意味が分からなくても、ticketがしっかりと聞き取れていれば、正解❸を導けたはず。

問2 正解 ❷ 🎧011

■スクリプト

W: I'm wondering what to buy for my boyfriend's birthday.

M: You mean David?　He likes outdoor activities, doesn't he?　How about some outdoor wear?

W: Oh, that's a good idea!

■語注

□wonder what to ～：何を～したらよいだろうかと思う　□mean：～のことを言っている　□outdoor：野外の、アウトドアの　□wear：衣服、衣類

■訳

女性：彼の誕生日に何を買ったらいいかしら。

男性：デビッドのことかい？　彼はアウトドア活動が好きだよね？　アウトドアウエアはどう？

女性：あら、それはいい考えね！

女性はボーイフレンドに何を買いますか？

■解説

How about ～?は「～はどうですか？」と相手に物を薦める際の表現。outdoor wearを薦めているのだから、正解として当てはまるのは❷となる。

問1　正解 ❸ 🎧021

■スクリプト

W: Excuse me.　Could you tell me the way to the nearest bank?

M: Certainly.　Go straight down this street. You can find CitiBank on the right on the nearest corner of the second intersection.

W: Thanks a lot.

■語注

□nearest：最も近い（nearの最上級）
□Certainly.：いいですよ。

■訳

女性：すみません。一番近い銀行への道を教えていただけませんか？

男性：いいですよ。この道を真っすぐ行ってください。2番目の交差点の右側の手前の角にシティバンクがありますよ。

女性：どうもありがとうございます。

銀行はどこにありますか？

■解説

Could you tell me the way to ～?は道順を聞くときの表現。the second intersectionの右側（**on the right**）の手前の角（**on the nearest corner**）と言っているので、正解は❸となる。

問2　正解 ❶ 🎧022

■スクリプト

W: Do you know where Mary is?　I want her to go on some errands for me.

M: I saw her playing in the backyard just a few minutes ago.

■語注

□want＋人＋to do：人に～してもらいたい
□errand：使い、使い走り　□backyard：裏庭

■訳

女性：メアリーがどこにいるか知っているかしら？　彼女にお使いに行ってほしいのよ。

男性：つい数分前に裏庭で遊んでいるのを見たよ。

メアリーはどこにいると男性は考えていますか？

■解説

Do you know where ～?は、人や物の場所を聞くときに用いられる。裏庭（backyard）で遊んでいるのを見たと言っているのだから、正解は❶となる。「**want＋人＋to do**」（人に～してもらいたい）も覚えておこう。

問1　正解 ❹ 🎧 032

■スクリプト

M: It's already 8 p.m.　When do you think you'll finish your work?

W: I think it'll take another 20 minutes.

■語注

□take：(時間など) を必要とする

■訳

男性：もう8時だよ。いつ君の仕事は終わると思う？

女性：あと20分かかると思うわ。

女性はいつ仕事を終えるでしょうか？

■解説

takeには「(時間など) を必要とする」という意味がある。今の時間が午後8時で、仕事を終えるまでにあと20分かかる（**take another 20 minutes**）と女性は言っているので、正解は❹となる。

問2　正解 ❸ 🎧 033

■スクリプト

M: How many people came to your class reunion yesterday?

W: There were 12 originally, including me, but one couldn't make it because she was busy, and someone else was late.

■語注

□reunion：同窓会　□originally：初めは、当初は
□including：〜を含めて　□make it：出席する、来る
□someone else：ほかの1人

■訳

男性：昨日の君のクラスの同窓会には何人来たんだい？

女性：もともとは私を含めて12人だったんだけど、1人は忙しくて来られなくて、もう1人は遅れて来たの。

同窓会には何人いましたか？

■解説

someoneは「誰か分からない誰か」という意味で用いられるときと、ある特定の人をあえて名前で言わない場合に用いられるときがある。ここは後者。もともとは12人で、1人（**one**）は多忙で来られず、ほかの1人（**someone else**）は遅れて来たのだから、12-1=11で正解は❸。

問1　正解 ❸ 🎧042

■スクリプト

W: What time can we have a meeting on that matter today?

M: I have other meetings from 11 a.m., 2 p.m. and 5 p.m., so how about 4 p.m.?

W: That's OK with me.

■訳

女性：今日、何時に例の問題のことで会議ができるでしょうか？

男性：僕は11時、2時、それに5時に会議があるから、4時はどうかな？

女性：大丈夫です。

彼らはいつ会議をしますか？

■語注

□matter：問題、事柄　□How about ～?：～はどうですか？　□That's OK with me.：大丈夫です。

■解説

That's OK with me. は同意・了解を表す。時刻が4つ出てくるが、**how about 4 p.m.?**（4時はどうかな？）に対して、女性は **That's OK with me.**（大丈夫です）と了解しているので、正解は ❸ となる。

問2　正解 ❶ 🎧043

■スクリプト

W: What would you like to have for dinner tonight? Maybe Chinese or Italian?

M: Well, I'd prefer a lighter meal. You know, bread, soup and salad — that kind of thing.

■訳

女性：今晩の夕食は何が食べたい？　中華かイタリア料理かしら？

男性：そうだな、僕は軽めの食事がいいな。ほら、パンとか、スープとか、サラダとか ―― そういったものさ。

男性は夕食に何を食べますか？

■語注

□prefer：～を好む　□light：（食べ物が）軽い、消化しやすい　□meal：食事　□you know：ほら、あの　□kind：種類

■解説

I'd prefer ～. は「（ほかのものよりも）～を好む」という意味。軽い食事（lighter meal）を希望している男性は、その内容を **bread, soup and salad** と説明しているので、❶ が正解となる。

Chapter

2

応答文選択問題対策

Day 5 Chapter 2

エクササイズ（テキストブックp. 60）

問1　正解 ❶ 🎧053

■スクリプト（応答文を含む）

M: This is the medicine your doctor prescribed.

W: Thanks. How often do I have to take it?

M: You should take two tablets after each meal.

■語注

□medicine：薬、薬剤　□prescribe：(薬）を処方する　□tablet：錠剤　□meal：食事　□see a doctor：医者に診てもらう

■訳（応答文を含む）

男性：こちらがあなたのお医者さんが処方したお薬です。

女性：ありがとうございます。どのくらいの頻度で飲まなければなりませんか？

男性：毎食後、2錠を服用してください。

❶ 毎食後、2錠を服用してください。

❷ あなたはそれを職場に持っていけます。

❸ 週に2回、診察を受けてください。

❹ あなたはそうすべきだと思います。

■解説

How often 〜？は「頻度」や「回数」を問う質問。「どのくらいの頻度で」と聞かれているのだから、**two tablets after each meal**（毎食後、2錠）と具体的な頻度を答えている❶を選ぶ。❸も頻度を答えているが、薬を飲む頻度ではないから不可。

問2　正解 ❸ 🎧054

■スクリプト（応答文を含む）

M: Do you know where Peter is? I need to talk to him right now.

W: He's out on a business appointment.

M: When did he say he'd come back to the office?

W: He said he'd be back around 4 p.m.

■語注

□right now：すぐに　□appointment：(面会の）約束　□client：顧客、取引先

■訳（応答文を含む）

男性：ピーターがどこにいるか知っているかい？　彼とすぐに話をしなくちゃならないんだ。

女性：彼は仕事の約束で外出中ですが。

男性：彼はいつオフィスに戻ってくると言っていた？

女性：彼は4時くらいに戻ってくると言っていました。

❶ 彼がどこにいるか分かりません。

❷ 彼は今、顧客と一緒にいると思います。

❸ 彼は4時くらいに戻ってくると言っていました。

❹ 彼は午前9時に出社しました。

■解説

Whenで聞かれているのだから、「時間」で答えている選択肢を選ぶ。「いつ戻ってくると言っていたか？」に対する答えとして適切なのは、「時間」で答えている❸である。❹も「時間」で答えているが、戻る予定の時間についてではないから不可。

問1　正解 ❸ 🎧064

■スクリプト（応答文を含む）

M: Are you preparing for the next English class, Lisa? Need any help?

W: Well. Could you lend me that dictionary on your desk?

M: OK, here you are.

■語注

□Could you 〜?：〜してくださいますか？
□Here you are.：（望みの物を差し出すときに）さあどうぞ。　□over there：あそこに、向こうに

■訳（応答文を含む）

男性：次の英語の授業の予習をしているの、リサ？　手伝おうか？

女性：えーと。あなたの机の上のその辞書を貸してくれる？

男性：いいよ、さあどうぞ。

❶ 尋ねてくれてありがとう。
❷ 残念ながらそのようです。
❸ いいよ、さあどうぞ。
❹ あそこにあるそれだよ。

■解説

Could you 〜?は「〜してくださいますか？」と相手に丁寧に何かをお願いするときの表現。辞書を貸してくれますか、と尋ねているのだから、**OK**で答え、**here you are**を使って辞書を渡そうとしている❸が正解となる。なお、男性の最初のセリフにある**Need any help?**では、文頭の**Do you**が省略されている。

問2　正解 ❷ 🎧065

■スクリプト（応答文を含む）

M: I really enjoyed the dessert. It was so delicious!

W: Oh, was it? Would you like some more?

M: No, thanks. I'm already full.

■語注

□Would you like 〜?：〜はいかがですか？
□No, thanks.：いいえ、結構です。　□full：腹いっぱいの　□Take it easy.：じゃあまたね。

■訳（応答文を含む）

男性：このデザート、本当に気に入ったよ。とてもおいしかったよ！

女性：あら、そう？　もう少しいかが？

男性：いや、結構。もう、おなかがいっぱいなんだ。

❶ デザートは何ですか？
❷ いや、結構。もう、おなかがいっぱいなんだ。
❸ それでは。またね。
❹ はい、そうですよね？

■解説

Would you like 〜?は「〜はいかがですか？」という意味で、食べ物や飲み物を相手に勧める際によく用いられる。「（デザートを）もう少しいかが？」に対する適切な応答は、**No, thanks.**を使って断っている❷である。

問1　正解 ❹ 🎧 075

■スクリプト（応答文を含む）

W: It was a productive meeting. Thank you for your comments.

M: You're welcome. It's been nice talking to you. I hope to see you again.

W: Me, too.

■語注

□productive：実りの多い、生産的な
□comment：論評、意見　□It's been nice talking to you.：お話しできてうれしかったです。　□Me, too.：私もです。　□Believe me.：本当ですよ。

■訳（応答文を含む）

女性：実りの多い会議でした。ご意見をありがとうございました。

男性：どういたしまして。お話しできてよかったです。またお会いしたいと思います。

女性：私もです。

❶私もそうではありません。
❷私です。
❸本当ですよ。
❹私もです。

■解説

Me too.は、相手の肯定文の発言に対して「私もです」と答えるときの表現。I hope to see you again.という肯定文に対する応答なので、❹が正解となる。否定文に対して「私もそうではありません」と答えるときは、選択肢❶の**Me neither.** を使う。

問2　正解 ❶ 🎧 076

■スクリプト（応答文を含む）

W: May I have a word with you? Do you have time?

M: Sorry, I'm busy now. Will you be around in 15 minutes?

W: Sure. I'll talk to you then.

■語注

□May I have a word with you?：ちょっとお話ししてもいいですか？　□Will you 〜?：〜してくれませんか？　□be around：やってくる、訪れる

■訳（応答文を含む）

女性：ちょっとお話ししてもいいですか？　お時間はありますか？

男性：すみません、今は忙しいんです。15分後に来てもらえますか？

女性：いいですよ。その時にお話しします。

❶いいですよ、その時にお話しします。
❷はい、今は午後8時です。
❸分かりました、すぐに折り返し彼に電話します。
❹もちろんです、何ですか？

■解説

Will you 〜?は「〜してくれませんか？」と依頼するときに使う表現。「15分後に来てくれませんか？」とお願いされているのだから、**Sure**で応諾している❶が正解となる。❹の**Certainly**も応諾の表現だが、その後の**What's that?** が意味を成さないので不可。

エクササイズ（テキストブックp. 84）

問1　正解 ❸ 🎧086

■スクリプト（応答文を含む）

M: What's the matter with you?　You don't look well.

W: I've had a pain in my chest for the past week.

M: I think you'd better go and see a doctor.

■語注

☐What's the matter with you?：どうしましたか？
☐pain：（体の特定の箇所の）痛み　☐chest：胸
☐past：最近の、過ぎたばかりの　☐go and 〜：〜しに行く　☐see a doctor：医者に診てもらう

■訳（応答文を含む）

男性：どうしたんだい？　具合が悪そうだよ。

女性：この1週間、胸に痛みがあるの。

男性：お医者さんに診てもらいに行ったほうがいいと思うよ。

❶最初にすべきことは、君の予定を調べることだよ。
❷僕はだんだんチェスが上手になってきたよ。
❸お医者さんに診てもらいに行ったほうがいいと思うよ。
❹街に何店かいい洋服屋さんを見つけられるよ。

■解説

場面をすぐに推測できるようにしておきたい。ここでは、**What's the matter with you?** や**I've had a pain in 〜.** などから、病気の話をしていると分かる。したがって、医者に行くことを勧めている❸が適切な応答になる。

問2　正解 ❹ 🎧087

■スクリプト（応答文を含む）

M: How is your essay assignment going?

W: I'm afraid I can't meet the deadline for it.

M: What about asking your teacher for an extension?

■語注

☐essay：エッセー、小論文　☐assignment：宿題
☐meet a deadline：締め切りを守る
☐What about -ing?：〜するのはどうですか？
☐extension：延期

■訳（応答文を含む）

男性：小論文の宿題はうまくいっているかい？

女性：締め切りを守れないと思うの。

男性：先生に延期をお願いしたらどうだい？

❶そこで午後6時に会いましょうか？
❷僕は3時間も列に並んで待っているんだよ。
❸どの本屋さんでもそれを買えるよ。
❹先生に延期をお願いしたらどうだい？

■解説

ここでも、場面を類推できたかがポイントとなる。essay assignment（小論文の宿題）について、「締め切りを守れない」と女性は言っているのだから、延期（**extension**）を勧めている❹が応答として最も適切だと分かる。

Chapter
3

Q&A選択問題対策

問1　正解 ❹ 🎧 095

■スクリプト

M: What are we going to have for dinner?

W: I'm too tired to cook, so let's just buy some ready-made food at the supermarket.

M: That sounds fine with me.

W: OK. I'll change my clothes and be ready to go in a minute.

■語注

□ready-made：出来合いの、既成の
□in a minute：すぐに　□groceries：食料品
□prepared：（食べ物が）調理済みの

■訳

男性：夕食に何を食べようか？

女性：疲れていて料理ができないから、スーパーマーケットで出来合いの食品を買いましょうよ。

男性：僕はそれでいいよ。

女性：そうしましょう。私は服を着替えて、すぐに出掛ける準備をするわね。

彼らは夕食のために何をするでしょうか？

❶ 食料品を買って食事を作る。

❷ 友達の家に行く。

❸ レストランに行く。

❹ すでに調理されている食品を買う。

■解説

設問はWhatから始まっているので、夕食のために「何」をするかを聞き取る。「出来合いの食品（**ready-made food**）を買いましょう」という女性の提案に男性は賛成しているので、正解は❹になる。

問2　正解 ❸ 🎧 096

■スクリプト

M: What's up, Lucy? You don't look well. Are you sick?

W: Not really, but I haven't been very hungry lately.

M: That's too bad. What's the problem?

W: Well ... I'm really worrying about the entrance exam.

M: Don't worry about it. You've been studying so hard. You'll be OK.

■語注

□What's up?：どうしましたか？
□Not really.：そういうわけではありません。
□lately：最近、このごろ　□That's too bad.：それは気の毒です。　□worry about ～：～のことで心配する　□entrance exam：入学試験

■訳

男性：どうしたんだい、ルーシー？ 調子が悪いみたいだよ。病気なの？

女性：そういうわけではないんだけど、最近、おなかがあまりすかないの。

男性：それは困ったね。何が問題なんだい？

女性：その……、入試のことが本当に心配なの。

男性：心配ないよ。君はずっと一生懸命勉強してきたんだからね。大丈夫だよ。

ルーシーの心配事は何ですか？

❶ 彼女はひどい風邪をひいている。

❷ 彼女は数学の問題を解くことができない。

❸ 彼女は大切な試験を受けなければならない。

❹ 彼女はおなかが痛い。

■解説

設問からルーシーの心配事（concern）を聞き取ればよいことが分かる。What's the problem? との男性の質問に、ルーシーは「入試のことが本当に心配なの」と答えている。したがって、これを言い換えた❸が正解となる。

問1　正解 ❸ 🎧105

■スクリプト

W: Is this going up?

M: Yes, it is.

W: Thanks. My hands are full. Would you mind pressing the button for the 10th floor, please?

M: Oh, sure. Are you busy today?

W: Yes, I have a meeting with a new client in one hour and I still need to prepare my notes.

■語注
□Would you mind -ing?：～してくださいませんか？
□client：顧客、取引先　□note：要旨、草案

■訳

女性：これは上行きですか？

男性：そうですよ。

女性：ありがとうございます。手がふさがっているんです。10階のボタンを押してくれませんか？

男性：ええ、もちろん。今日は忙しいんですか？

女性：ええ、1時間後に新しい顧客との会議があるんですが、草案の準備をまだしなければならないんです。

この会話はどこで行われているでしょうか？

❶ コーヒーショップで

❷ タクシーで

❸ エレベーターで

❹ 会議室で

■解説

設問と選択肢を前もって読んでおけば、全てを聞かずに答えを導ける場合もある。 今回がそのケース。**Is this going up?**（これは上行きですか？）、**the button for the 10th**（10階のボタン）を聞き取れた時点で、❸を選べる。

問2　正解 ❷ 🎧106

■スクリプト

W: Hi. I have a reservation. My name is Evans — Margaret Evans.

M: Good afternoon, Ms. Evans. We've been expecting you. Could you sign the register, please?

W: Sure ... Here you are.

M: Thanks. Let me take your bags and I'll show you to your room.

■語注
□reservation：予約　□expect：（人）が来るのを期待する　□register：名簿、登録（簿）、表　□Here you are.：（望みの物を差し出すときに）さあどうぞ。
□show ～ to ...：～を……へ案内する

■訳

女性：あの、予約をしているのですが。私の名前はエバンス──マーガレット・エバンスです。

男性：こんにちは、エバンス様。お待ちしておりました。宿泊簿にご署名いただけますでしょうか？

女性：いいですよ……。さあどうぞ。

男性：ありがとうございます。かばんをお持ちいたしましょう。お部屋へご案内いたします。

彼らはどこで話をしていますか？

❶ 病院で

❷ ホテルで

❸ 美容院で

❹ アパートで

■解説

消去法で正解を導く方法もある。 ここでは、最初の**I have a reservation.** で、まず❹が消える。病院で「お待ちしていました」も変なので、❶が消える。最後に**I'll show you to your room.** と言っているので、正解は❷となる。

エクササイズ（テキストブックp.112）

問1　正解 ❷ 🎧115

■スクリプト

M: Let's divide the shopping list between us.

W: Good idea. I'll get the fruit and vegetables, and you get the drinks.

M: OK. I think the cakes are by the drinks, so I can get dessert, too.

W: All right. When we are finished, let's meet back at the car.

■語注

□divide：〜を分ける　□shopping list：買い物リスト

■訳

男性：買い物リストを2人で分けようよ。

女性：いい考えね。私は果物と野菜を買うから、あなたは飲み物を買って。

男性：いいよ。ケーキは飲み物のそばにあると思うから、僕はデザートも買えるね。

女性：そうね。終わったら、車で会いましょう。

男性は最初に何をすると思われますか？

❶ 果物を買う。

❷ 飲み物を買う。

❸ 女性とデザートを食べる。

❹ 車に戻る。

■解説

応諾の表現のOK.に注意。I'll get the fruit and vegetables, and you get the drinks.という女性の提案に男性はOK.と答えているのだから、正解は❷になる。❶は女性の次の行動。❹は買い物が終わった後の2人の行動である。

問2　正解 ❶ 🎧116

■スクリプト

M: Are you free right now, Brenda? I'd like to talk a little with you about our next project. I just need 10 minutes.

W: Sorry, Eric, I have a meeting in 15 minutes and I have to make some copies for it.

M: Then, maybe after your meeting is over. Will that be OK with you?

W: Sure.

■語注

□right now：ちょうど今　□over：終わって、済んで
□prepare for 〜：〜の準備をする　□client：得意先、顧客

■訳

男性：今、時間はあるかな、ブレンダ？　今度のプロジェクトのことで君と少し話がしたいんだけど。10分だけ必要なんだ。

女性：悪いけど、エリック、15分後に会議があって、そのためのコピーをしなくちゃならないのよ。

男性：それなら、会議が終わった後かな。それでもいいかい？

女性：いいわよ。

ブレンダは最初に何をするでしょうか？

❶ 会議の準備をする。

❷ エリックと話し合いをする。

❸ 帰宅する。

❹ 得意先に会いに外出する。

■解説

Sorryは、断るときの表現。女性と打ち合わせをしたいと言っている男性に対して、女性はSorry, Eric, (but) I have ...と会議の用意をしなくてはならないことを告げている。したがって、正解は❶になる。

Chapter
4

図表完成問題対策

問1：正解 ❷　　問2：正解 ❶　　問3：正解 ❺ 🎧121

■スクリプト

W: Good morning, Mr. Peters.

M: Good morning, Ms. Jung.　What's my schedule today?

W: There's a meeting with the board at 10 a.m.

M: That reminds me.　Could you get my notes together for that?

W: Yes, Mr. Peters.　At noon, you are going to have lunch with three new employees.

M: OK.　I think I am meeting a new customer at 5 p.m.

W: That's right.　But don't forget that at 2 p.m., you will tour our factory.

M: I don't have any plans this evening, do I?

W: Actually, you need to go to the farewell party for Hillary at 7.

M: I'm going to be busy today.

■訳

女性：おはようございます、ピーターズさん。

男性：おはよう、ジャングさん。今日の私の予定はどうなっているかい？

女性：午前10時に役員会議があります。

男性：それで思い出したよ。そのためにメモを集めておいてくれないかな？

女性：はい、ピーターズさん。正午は、3人の新入社員とのランチです。

男性：分かった。午後5時に新しい取引先と会うことになっていると思うけど。

女性：そうです。でも、午後2時に工場の視察があることをお忘れなく。

男性：今晩は予定がなかったよね？

女性：実は、7時にヒラリーさんの送別会に行かなくてはなりません。

男性：今日は忙しくなりそうだね。

■語注
□board：役員会、委員会　□That reminds me.：それで思い出しました。　□get ～ together：(情報など) を寄せ集める　□customer：顧客、取引先　□tour：(場所) を (視察などで) 見て回る　□farewell party：送別会

■解説

「at＋時刻」を聞き逃さないようにしよう。 1日の予定を問う問題では、それぞれの予定の時刻を表す「at＋時刻」が聞き取りのポイント。問1の正午（**at noon**）は**have lunch with three new employees**なので❷、問2の2時（**at 2 p.m.**）は**tour our factory**なので❶、問3の7時（**at 7**）は **go to the farewell party for Hillary** なので❺が正解となる。

エクササイズ（テキストブック p. 132）

問1：正解 ❻ 問2：正解 ❷ 問3：正解 ❸ 🎧 126

■スクリプト

W: Let's plan our budget for next year.

M: OK, that's a good idea. What are we going to spend it on?

W: I really want to go to a tropical beach somewhere.

M: Me, too. I think we can do that in March.

W: How about buying a new sofa?

M: We signed a contract to move into a new apartment in September. We should wait until we move to buy a sofa to make sure it's the right size.

W: OK, we'll buy it in October.

M: Can we afford a new TV?

W: I think we can get one in June.

M: Great. I think that covers everything.

■訳

女性：来年の予算の計画を立てましょうよ。

男性：うん、いい考えだね。何に予算を使おうか？

女性：私は本当にどこか熱帯の浜辺に行きたいの。

男性：僕もさ。3月にできると思うけど。

女性：新しいソファを買うのはどうかしら？

男性：9月に新しいアパートに引っ越す契約をしたよね。ちょうどいいサイズを確かめるために、引っ越すまではソファを買うのは待ったほうがいいよ。

女性：そうね、10月に買いましょう。

男性：新しいテレビを買う余裕はあるかな？

女性：6月に買えると思うわ。

男性：よし。それですべてかな。

■語注

□plan：～の計画を立てる　□budget：予算、生活費　□spend ～ on . . .：～を……に使う　□tropical：熱帯の　□Me, too.：私もです。　□How about -ing?：～するのはどうですか？　□sign a contract：契約書に署名する　□move into ～：～に引っ越す　□make sure ～：～を確かめる　□afford：～を買う［持つ、支払う］余裕がある　□cover：～を含む

■解説

代名詞が何を指しているか聞き逃さないようにしよう。 ここでは途中まで時系列で話が進められているが、最後に6月の予定が入ってきている。まず3月は we can do that [go to a tropical beach somewhere] in March. とあるので❻。次に we can get one [a new TV] in June. と言っているので、6月は❷。最後に10月については we'll buy it [a sofa] in October. とあるので、❸が正解となる。

問1：正解 ❺　　問2：正解 ❷　　問3：正解 ❹ 🎧131

■スクリプト

M: Please tell me about your background.

W: Well, I majored in economics as an undergraduate in Japan.

M: Good.　I see that you also have a postgraduate degree.

W: Yes, I studied computer programming at MIT.

M: That is an excellent university.　Do you have any other international experience?

W: Yes, I worked in South Africa as a volunteer.

M: That sounds interesting.　Do you have other work experience?

W: Immediately after graduation, I worked for a software company.　I was there for three years.　Following that, I spent four years working at a bank.

M: That is very impressive.

W: I resigned from that position because I wanted to work for a general trader.

■訳

男性：あなたの経歴を教えてください。

女性：はい、私は学部学生の時に、日本で経済学を専攻しました。

男性：なるほど。大学院の学位もお持ちのようですね。

女性：ええ、MITでコンピューター・プログラミングを学びました。

男性：あそこは優秀な大学ですね。ほかに海外での経験はありますか？

女性：はい、南アフリカでボランティアで働いたことがあります。

男性：それは興味深いですね。ほかに仕事の経験は？

女性：卒業してすぐに、ソフトウエア会社に勤務しました。その会社には3年間いました。その後、銀行で4年間過ごしました。

男性：それは素晴らしいですね。

女性：総合商社に勤務したかったので、その職を辞めたんです。

■語注

□background：経歴、学歴　□major in ～：～を専攻する　□undergraduate：（大学の）学部学生　□postgraduate：大学院の　□degree：学位　□MIT：マサチューセッツ工科大学＝Massachusetts Institute of Technologyの略　□immediately：すぐに　□spend：（時間）を過ごす　□impressive：印象的な、見事な　□resign from ～：～を辞職する　□general trader：総合商社

■解説

複数の情報を整理しながら聞き進めていこう。 ここでは、2つの学歴、3つの職歴が会話に登場している。学歴2については、**I studied computer programming at MIT.** とあるので❺が入る。大学卒業後については、**I worked for a software company.** そして **Following that, I spent four years working at a bank.** と述べられているので、職歴2には❷、職歴3には❹がくることが分かる。

発行日	2020年9月25日（初版）
	2021年2月4日（第2刷）
監修・執筆	木村達哉
協力	チームキムタツ
編集	株式会社アルク 文教編集部
アートディレクション	細山田光宣
デザイン	小野安世（細山田デザイン事務所）
DTP	株式会社秀文社
印刷・製本	日経印刷株式会社
発行者	天野智之
発行所	株式会社アルク

PC：7020055

キムタツの大学入試
英語リスニング
合格の法則
【基礎編】
別冊解答集